Елена Невзорова

Формирование УУД средствами Лего-конструирования на уроках информатики

Елена Невзорова

Формирование УУД средствами Лего-конструирования на уроках информатики

LAP LAMBERT Academic Publishing

Impressum / Выходные данные

Bibliografische Information der Deutschen Nationalbibliothek: Die Deutsche Nationalbibliothek verzeichnet diese Publikation in der Deutschen Nationalbibliografie; detaillierte bibliografische Daten sind im Internet über http://dnb.d-nb.de abrufbar.

Библиографическая информация, изданная Немецкой Национальной Библиотекой. Немецкая Национальная Библиотека включает данную публикацию в Немецкий Книжный Каталог; с подробными библиографическими данными можно ознакомиться в Интернете по адресу http://dnb.d-nb.de.

Coverbild / Изображение на обложке предоставлено: www.ingimage.com

Verlag / Издатель:
LAP LAMBERT Academic Publishing
ist ein Imprint der / является торговой маркой
OmniScriptum GmbH & Co. KG
Heinrich-Böcking-Str. 6-8, 66121 Saarbrücken, Deutschland / Германия
Email / электронная почта: info@lap-publishing.com

Herstellung: siehe letzte Seite /
Напечатано: см. последнюю страницу
ISBN: 978-3-659-62342-4

Zugl. / Утверд.: Челябинск, Челябинский государственный педагогический университет, 2013

МИНИСТЕРСТВО ОБРАЗОВАНИЯ И НАУКИ РОССИЙСКОЙ ФЕДЕРАЦИИ
**ФЕДЕРАЛЬНОЕ ГОСУДАРСТВЕННОЕ БЮДЖЕТНОЕ
ОБРАЗОВАТЕЛЬНОЕ УЧРЕЖДЕНИЕ
ВЫСШЕГО ПРОФЕССИОНАЛЬНОГО ОБРАЗОВАНИЯ**
«Челябинский государственный педагогический университет»
ФГБОУ ВПО «ЧГПУ»
Факультет информатики
Кафедра информатики и методики преподавания информатики

**«Формирование универсальных учебных действий
средствами Лего-конструирования на уроках информатики»**

Челябинск, 2013

Оглавление

Введение

Тенденции развития современного общества объясняют необходимость все более широкого использования информационных технологий в сфере образования. Институтом информатизации образования РАО сформулированы предложения по развитию приоритетных направлений фундаментальных и прикладных исследований в области образования в рамках реализации национальной инициативы «Наша новая школа». Разрабатываются инновационные подходы к внедрению новых образовательных стандартов на основе информационных и коммуникационных технологий [7].

Введение федеральных государственных стандартов общего образования предполагает разработку новых педагогических технологий. Деятельность выступает как внешнее условие развития у ребёнка познавательных интересов. Чтобы ребёнок развивался, необходимо организовать его деятельность.

Структуру учебной деятельности учащихся, а также основные психологические условия и механизмы процесса усвоения на сегодняшний день наиболее полно описывает системно-деятельностный подход, базирующийся на теоретических положениях Л.С Выготского, А.Н, Леонтьева, Д.Б. Эльконина, П.Я. Гальперина, В.В. Давыдова, А.Г.Асмолова, В.В.Рубцова. Базовым положением служит тезис о том, что развитие личности в системе образования обеспечивается, прежде всего, формированием универсальных учебных действий, выступающих в качестве основы образовательного и воспитательного процесса. Концепция универсальных учебных действий(УУД) также учитывает опыт компетентностного подхода, в частности его правомерный акцент на достижение учащимися способности эффективно использовать на практике полученные знания и навыки.

Следование этой теории при формировании содержания общего образования предполагает, в частности, анализ видов ведущей деятельности (игровая, учебная, общение), выделение универсальных учебных действий, порождающих компетенции, знания, умения и навыки [31].

Развитие личности в системе образования обеспечивается через формирование универсальных учебных действий, которые выступают инвариантной основой образовательного и воспитательного процесса. Овладение учащимися универсальными учебными действиями выступает как способность к саморазвитию и самосовершенствованию путем сознательного и активного присвоения нового социального опыта. УУД создают возможность самостоятельного успешного усвоения новых знаний, умений и компетентностей, включая организацию усвоения, то есть умения учиться.

В широком значении термин "универсальные учебные действия" означает умение учиться, т.е. способность субъекта к саморазвитию и самосовершенствованию путем сознательного и активного присвоения нового социального опыта.

В более узком (собственно психологическом значении) термин "универсальные учебные действия" можно определить как совокупность способов действия учащегося (а также связанных с ними навыков учебной работы), обеспечивающих его способность к самостоятельному усвоению новых знаний и умений, включая организацию этого процесса.

Функции универсальных учебных действий включают:

• обеспечение возможностей учащегося самостоятельно осуществлять деятельность учения, ставить учебные цели, искать и использовать необходимые средства и способы их достижения, контролировать и оценивать процесс и результаты деятельности;

• создание условий для гармоничного развития личности и ее самореализации на основе готовности к непрерывному образованию, необходимость которого обусловлена поликультурностью общества и высокой профессиональной мобильностью;

• обеспечение успешного усвоения знаний, умений и навыков и формирование компетентностей в любой предметной области.

Универсальные учебные действия должны быть положены в основу выбора и структурирования содержания образования, приемов, методов, форм обучения, а также построения целостного образовательно-воспитательного процесса [31].

Такую стратегию обучения можно реализовать через введение курса «Лего-конструирование». Данный курс позволяет в непринуждённой обстановке вовлечь обучающихся в мир конструирования и программирования. Лего-конструирование побуждает работать учащихся и руками, и головой. Использование Лего-конструкторов во внеурочной деятельности повышает мотивацию учащихся к обучению, т.к. при этом требуются знания практически из всех учебных дисциплин.

Исходя из выдвинутой проблемы, была сформулирована тема работы «Формирование универсальных учебных действий средствами Лего-конструирования на уроках информатики»

Цель исследования – выявить опытно-поисковым путём, проверить и теоретически обосновать дидактические условия формирования УУД средствами Лего-конструирования на уроках информатики.

Объектом исследования является процесс обучения Лего-конструированию учащихся основной школы.

Предмет исследования – условия формирования универсальных учебных действий средствами Лего-конструирования, направленные на повышение качества обучения информатики.

Гипотеза исследования заключается в том, что целенаправленное формирование УУД средствами Лего-конструирования возможно, если:

• на основе системного и личностно-ориентированного подходов разработать и реализовать систему формирования УУД средствами Лего-конструирования;

• сочетать возможности федерального компонента и дополнительного образования;

• использовать новые педагогические технологии: обучение в сотрудничестве, метод проектов, индивидуальный и дифференцированный подходы к обучению;

• осуществлять изучение учебного материала по базовым и элективным курсам комплексно, на основе межпредметных связей;

• использовать применение уровневого подхода в обучении.

Исходя из сформулированных выше цели и гипотезы, были поставлены следующие основные **задачи исследования**:

1. На основе анализа психолого-педагогической и методической литературы изучить состояние проблемы формирования УУД средствами Лего-конструирования.

2. Проанализировать процесс обучения Лего-конструирования с целью выделения оснований для разработки методики формирования УУД.

3. Разработать методику поэтапного обучения Лего-конструированию.

4. Разработать дидактические средства формирования УУД в процессе обучения Лего-конструированию.

5. Экспериментально проверить эффективность разработанной методики формирования УУД средствами Лего-конструирования.

Для решения поставленных задач были выбраны следующие методы исследования:

• теоретические: изучение, сравнение и анализ достижений отечественной педагогики по проблеме исследования; анализ нормативных документов по вопросам образования; обобщение и систематизация теоретических положений по теме исследования; проектирование учебных курсов на основе разработанной технологии; конструирование и моделирование; статистические методы обработки данных;

• эмпирические: наблюдение, анкетирование, метод экспертных оценок.

Базой для исследования явилась МКОУ СОШ №1 г.Коркино. На констатирующем и формирующем этапах эксперимента принимали участие 82 человека, в том числе 55 учащихся и 27 родителей учащихся. Базовыми являлись группы 5А и 5Б классов.

Исследование проводилось в четыре этапа, каждый из которых решал конкретные задачи.

На первом этапе (2011-2012 г.г.) изучалось состояние проблемы формирования УУД средствами Лего-конструирования с целью выделения оснований для разработки методики формирования УУД, определения методологической и теоретической базы исследования, проведён теоретический анализ нормативных документов, педагогической и методологической литературы, формулировалась рабочая гипотеза, цели, задачи, был начат констатирующий эксперимент. Основными методами исследования являлись: теоретический анализ литературы, анкетирование, методы математической статистики.

На втором этапе (2011 – 2012 г.г.) был продолжен констатирующий эксперимент с целью определения исходных данных, разработана методика поэтапного обучения Лего-конструированию, выявлялись условия её реализации, разработаны дидактические средства формирования УУД в процессе обучения Лего-конструированию, определены роль и место факультативного курса по Лего-конструированию. Ведущими методами исследования на данном этапе служили: прогностические (экспертная оценка, самооценка и др.), диагностические (анкетирование, тестирование), методы моделирования и статистической обработки результатов.

На третьем этапе (2012-2013 г.г) проводился обучающий эксперимент с целью реализации технологии формирования УУД средствами Лего-конструирования на уроках информатики и во внеурочной деятельности, создавались педагогические условия её эффективного функционирования. На данном этапе использовались следующие методы научного исследования: диагностические (анкетирование, тестирование), обсервационные (прямое и косвенное наблюдение), прогностические (экспертная оценка, самооценка), методы математической статистики.

На четвёртом этапе (2012-2013 г.г.) уточнялись теоретические и экспериментальные выводы, обобщались, систематизировались и описывались полученные результаты.

Основные положения исследования отражены в следующих публикациях:

1. Невзорова Е.Н. Формирование универсальных учебных действий средствами Лего-конструирования на уроках информатики // Информатизация образования: проблемы и перспективы: Сборник научных статей. Челябинск: Издательство ЗАО Цицеро, 2012. – 176с.

2. Невзорова Е.Н. Лего-конструирование как элемент высокотехнологичной информационной среды // Информатика и информационные технологии: Сборник научных статей. Челябинск: Издательство ЗАО Цицеро, 2013. – 206 с.

3. Невзорова Е.Н.. Реализация новых педагогических технологий в высокотехнологичной информационной среде // Новые образовательные стратегии в современном пространстве: Сборник научных трудов. Санкт-Петербург: Издательство ЛЕМА, 2013. – 241 с.

Глава 1. Реализация новых педагогических технологий в высокотехнологичной информационной среде

1.1. Системный и личностно-ориентированный подходы как педагогическая проблема

Изменения, стремительно происходящие в нашем обществе в связи с переходом на новые отношения, оказали значительное влияние и на развитие образования. В современных социокультурных и экономических условиях перестраивается практика работы всех образовательных учреждений с ориентацией на воспитанника как на личность, которая является самосознательным, ответственным субъектом собственного развития и субъектом учебно-воспитательного взаимодействия. Особо актуальной на современном этапе развития общества становится проблема личностно-ориентированного подхода к образованию, понимание которого определили в 60-е годы XX столетия представители направления гуманистической психологии А. Маслоу, Р. Мей, К. Роджерс, В. Франкль. Идея личностно-ориентированного подхода в нашей стране разрабатывалась с начала 80-х годов К. А. Абульхановой-Славской, И. А. Алексеевым, Ш. А. Амонашвили, Е. В. Бондаревской, С. В. Кульневичем, А. А. Орловым, В. В. Сериковым, И. С. Якиманской и др. в связи с трактовками воспитания как субъект-субъектного процесса[11].

Личностно-ориентированный подход в современных условиях гуманизации и гуманитаризации всех звеньев образовательной системы – базовая ценностная ориентация педагога, определяющая его позицию во взаимодействии с каждым ребенком и коллективом. Личностно-ориентированный подход предполагает помощь учащемуся в осознании себя личностью, в выявлении, раскрытии его возможностей, становлении самосознания, в осуществлении личностно значимых и общественно приемлемых самоопределения, самореализации, самоутверждения. В коллективном обучении и воспитании это означает создание гуманистических взаимоотношений, благодаря которым воспитанник осознает себя личностью и учится видеть личность в других людях. Коллектив выступает гарантом реализации возможностей каждого человека[11].

Личностный подход заключается в ориентации процесса образования на личность как цель, субъект, результат и главный критерий его эффективности.

Одним из основных требований современного системного подхода к обучению является рассмотрение обучения как единого взаимосвязанного процесса взаимодействия педагога и ученика. В этой системе взаимосвязи учитель, стимулируя активно-познавательную деятельность обучаемого, является направляющим и стимулирующим звеном. Именно поэтому систему обучения определенной дисциплине при анализе ее динамики можно рассматривать как единую систему совокупной деятельности учителя и учащегося, как разновидность человеческой деятельности, которая носит двусторонний характер и обязательно предполагает взаимодействие субъекта и объекта. Но вместе с тем надо понимать, что это не механическая система процессов и явлений, а качественно новое явление. Целостность этого явления кроется в общности целей преподавания и учения и невозможности существования одного без другого.

Педагогическая стратегия - высший уровень перспективной теоретической разработки главных направлений педагогической деятельности. Она реализуется в профессиональных умениях методологического характера: проникновения в сущность явления, его реальный смысл, явные и скрытые причины, установления связей смыслов теории и практики, определения целей, постановки задач воспитания и обучения на основе принципов, выбора условий и средств педагогического взаимодействия. Педагогическая стратегия обеспечивает успех тактики, т.е. прямых и опосредованных отношений с учащимися в процессе их воспитания и обучения [12].

Одним из стратегических направлений мирового образования является преодоление традиционного стиля обучения и переход к новой развивающей, конструктивной модели образования, обеспечивающей познавательную активность и самостоятельность мышления школьников. Учитель новой школы должен выполнять функции координатора, консультанта, организатора самостоятельной познавательной деятельности и творческой активности учащихся. Учебный процесс должен быть организован так, чтобы помимо предметных знаний, у учащихся формировались ключевые компетенции. Профессиональная деятельность педагога должна отражать новые цели и ценности общества, развивающегося в условиях информатизации всех сторон жизни и деятельности. Основой новой педагогической методологии становится саморазвитие субъектов в развивающейся, изменяющейся, динамичной информационной образовательной среде. Средством этого развития становится высокотехнологичная информационная образовательная среда, в которой применены передовые педагогические подходы.

Высокотехнологичной следует считать расширенную и обогащенную (при использовании ИКТ) информационную образовательную среду, которая становится не только условием, но и средством эффективной самостоятельной образовательной деятельности учащихся [17].

Высококачественная и высокотехнологичная информационно-образовательная среда позволяет системе образования коренным образом модернизировать свой технологический базис, перейти к образовательной информационной технологии в широком смысле этого слова. Применение новейших информационных технологий должно способствовать решению педагогических задач, которые сложно или невозможно решать традиционными методами.

1.2. Современные педагогические технологии

Среди разнообразных направлений новых педагогических технологий выделяют:

- "обучение в сотрудничестве" (cooperative learning);
- метод проектов;
- индивидуальный и дифференцированный подход к обучению.

Все три направления новых педагогических технологий относятся к так называемому гуманистическому подходу в психологии и в образовании, главной отличительной чертой которого является особое внимание к индивидуальности человека, его личности, четкая ориентация на сознательное развитие самостоятельного критического мышления. Этот подход рассматривается в мировой педагогической практике как альтернативный традиционному подходу, основанному, главным образом, на усвоении готовых знаний и их воспроизведении [26].

Обучение в сотрудничестве - это совместное (поделенное, распределенное) расследование, в результате которого учащиеся работают вместе, коллективно конструируя, продуцируя новые знания, а не открывая объективные реалии, потребляя знания в уже готовом виде [30].

Обучение в сотрудничестве предусматривает все уровни общения, опирается на них. Практически, это обучение в процессе общения, общения учащихся друг с другом, учащихся с учителем, в результате которого и возникает столь необходимый контакт. Это социальное общение, поскольку в ходе общения учащиеся поочередно выполняют разные социальные роли - лидера, исполнителя, организатора, докладчика, эксперта, исследователя и т.д.

Учитель приобретает новую, нисколько не менее важную для учебного процесса роль - роль организатора самостоятельной познавательной, исследовательской, творческой деятельности учащихся. Его задача больше не сводится к передаче суммы знаний и опыта, накопленного человечеством. Он должен помочь ученикам самостоятельно добывать нужные знания, критически осмысливать получаемую информацию, уметь делать выводы, аргументировать их, располагая необходимыми фактами, решать возникающие проблемы[18].

Метод проектов - это комплексный метод обучения, позволяющий строить учебный процесс исходя из интересов учащихся, дающий возможность учащемуся проявить самостоятельность в планировании, организации и контроле своей учебно-познавательной деятельности, результатом которой является создание какого-либо продукта или явления [18].

Метод проектов не является принципиально новым в мировой педагогике. Он возник еще в 20-е годы нынешнего столетия в США. Его называли также методом проблем и связывался он с идеями гуманистического направления в философии и образовании, разработанными американским философом и педагогом Дж. Дьюи, а также его учеником В.Х. Килпатриком. Дж. Дьюи предлагал строить обучение на активной основе, через целесообразную деятельность ученика, сообразуясь с его личным интересом именно в этом знании. Важно было показать детям их личную заинтересованность в приобретаемых знаниях, которые могут и должны пригодиться им в жизни. Учитель может подсказать новые источники информации, а может просто направить мысль учеников в нужном направлении для самостоятельного поиска. Но в результате ученики должны самостоятельно и в совместных усилиях решить проблему, применив необходимые знания подчас из разных областей, получить реальный и ощутимый результат. Вся проблема, таким образом, приобретает контуры проектной деятельности. Разумеется, со временем идея метода проектов претерпела некоторую эволюцию. Родившись из идеи свободного воспитания, в настоящее время она становится интегрированным компонентом вполне разработанной и структурированной системы образования. Но суть ее остается прежней - стимулировать интерес учащихся к определенным проблемам, предполагающим владение определенной суммой знаний и через проектную деятельность, предусматривающую решение одной или целого ряда проблем, показать практическое применение полученных знаний.

Метод проектов привлек внимание русских педагогов еще в начале 20 века. Идеи проектного обучения возникли в России практически параллельно с разработками американских педагогов. Под руководством русского педагога С.Т. Шацкого в 1905 году была организована небольшая группа сотрудников, пытавшаяся активно использовать проектные методы в практике преподавания[24].

В основе метода проектов лежит развитие познавательных навыков учащихся, умений самостоятельно конструировать свои знания, умений ориентироваться в информационном пространстве, развитие критического мышления. Это совокупность приемов, операций овладения определенной областью практического или теоретического знания, той или иной деятельности. Это путь познания, способ организации процесса познания. Поэтому, если мы говорим о методе проектов, то имеем в виду именно способ достижения дидактической цели через детальную разработку проблемы (технологию), которая должна завершиться вполне реальным, осязаемым практическим результатом, оформленным тем или иным образом. Дидакты, педагоги обратились к этому методу, чтобы решать свои дидактические задачи. В основу метода проектов положена идея, составляющая суть понятия "проект", его прагматическая направленность на результат, который можно получить при решении той или иной практически или теоретически значимой проблемы. Этот результат можно увидеть, осмыслить, применить в реальной практической деятельности. Чтобы добиться такого результата, необходимо научить детей самостоятельно мыслить, находить и решать проблемы, привлекая для этой цели знания из разных областей, умения прогнозировать результаты и возможные последствия разных вариантов решения, умения устанавливать причинно-следственные связи[25].

Метод проектов всегда ориентирован на самостоятельную деятельность учащихся - индивидуальную, парную, групповую, которую учащиеся выполняют в течение определенного отрезка времени. Этот метод органично сочетается с групповым (cooperative learning) подходом к обучению. Метод проектов всегда предполагает решение какой-то проблемы. Решение проблемы предусматривает, с одной стороны, использование совокупности, разнообразных методов, средств обучения, а с другой, предполагает необходимость интегрирования знаний, умений из различных областей науки, техники, технологии, творческих областей. Результаты выполненных проектов должны быть, что называется, "осязаемыми", т.е., если это теоретическая проблема, то конкретное ее решение, если практическая - конкретный результат, готовый к внедрению[24].

Личностно-ориентированная педагогика ставит задачу выявления и всестороннего развития индивидуальных способностей учащихся. В настоящее время в образовании все чаще обращаются к индивидуальному обучению. Индивидуальный подход к учащемуся можно обеспечить только в том случае, если педагог точно определит исходный уровень его обученности, индивидуальные способности, что возможно только на основе проведения тщательного тестирования. В дальнейшем, путем подбора необходимых средств обучения и проведения индивидуальных консультаций (в том числе и по поводу методики построения индивидуальной траектории обучения для данного конкретного учащегося) учащийся приобретает необходимые знания и умения в соответствии с поставленными учебными задачами [30].

Чаще всего индивидуальное обучение сочетается с дифференцированным обучением, то есть реализуется на основе дифференциации [30].

Дифференцированное обучение – это организация учебного процесса, при которой учитываются индивидуально-психологические особенности личности, формируются группы учащихся с различающимися содержанием образования, методами обучения (И.М.Осмоловская).

Чтобы обучение можно было считать личностно-ориентированным и наиболее эффективным, оно должно ориентироваться на:

• уровень обученности в данной области знания, уровень общего развития, культуры;

- особенности психического развития личности (особенности памяти, мышления, восприятия, умение управлять и регулировать свою эмоциональную сферу, пр.);
- особенности характера, темперамента.

Следовательно, обучение должно быть по сути дифференцированным. В дидактике обучение принято считать дифференцированным, если в его процессе учитываются индивидуальные различия учащихся. Учет индивидуальных различий учащихся можно понимать как учет основных свойств личности обучаемого. Таким образом, личностно-ориентированное обучение по определению является обучением дифференцированным. В педагогической литературе различают понятия "внутренней" и "внешней" дифференциации. Под внутренней дифференциацией понимается такая организация учебного процесса, при которой индивидуальные особенности учащихся учитываются в условиях организации учебной деятельности на уроке. В этом случае понимание дифференциации обучения очень сходно с понятием индивидуализации обучения. При внешней дифференциации учащиеся специально объединяются в учебные группы. Таким образом, при внутренней дифференциации, т.е. на уроке, личностно-ориентированное обучение достигается главным образом за счет педагогических технологий, например, обучения в сотрудничестве и метода проектов, за счет разнообразия приемов, которые предусматривают эти технологии[25].

Федеральный государственный образовательный стандарт основного общего образования определил в качестве главных результатов не предметные, а личностные и метапредметные универсальные учебные действия.

Универсальные учебные действия (УУД) – способность субъекта к саморазвитию и самосовершенствованию путём сознательного и активного присвоения нового социального опыта; совокупность действий учащегося, обеспечивающих его культурную идентичность, социальную компетентность, толерантность, способность к самостоятельному усвоению новых знаний и умений, включая организацию этого процесса [31].

УУД как обобщённые действия открывают учащимся возможность широкой ориентации как в различных предметных областях, так и в строении самой учебной деятельности, включающей осознание её целевой направленности, ценностно-смысловых и операциональных характеристик. Таким образом, достижение умения учиться предполагает полноценное освоение обучающимися всех компонентов учебной деятельности, которые включают:

- познавательные и учебные мотивы;
- учебную цель, учебную задачу, учебные действия и операции (ориентировка, преобразование материала, контроль и оценка).

УУД носят надпредметный и метапредметный характер, обеспечивают целостность общекультурного, личностного и познавательного развития и саморазвития личности, обеспечивают преемственность всех ступеней образовательного процесса, лежат в основе организации и регуляции любой деятельности учащегося независимо от её специально-предметного содержания.

УУД обеспечивают этапы усвоения учебного содержания и формирования психологических способностей обучающегося[28].

1.3. Виды универсальных учебных действий

В составе основных видов УУД (по материалам ФГОС ООО) можно выделить четыре блока: личностный, регулятивный (включающий также действия саморегуляции), познавательный и коммуникативный.

Личностные УУД обеспечивают ценностно-смысловую ориентацию обучающихся (умение соотносить поступки и события с принятыми этическими принципами, знание моральных норм и умение выделить нравственный аспект поведения) и ориентацию в социальных ролях и межличностных отношениях. Применительно к учебной деятельности следует выделить три вида личностных действий:

- личностное, профессиональное, жизненное самоопределение;

- смыслообразование, т. е. установление обучающимися связи между целью учебной деятельности и её мотивом, другими словами, между результатом учения и тем, что побуждает к деятельности, ради чего она осуществляется;

- нравственно-этическая ориентация, в том числе и оценивание усваиваемого содержания, обеспечивающее личностный моральный выбор.

Регулятивные УУД обеспечивают обучающимся организацию своей учебной деятельности. К ним относятся:

- целеполагание как постановка учебной задачи на основе соотнесения того, что уже известно и усвоено учащимися, и того, что ещё неизвестно;

- планирование — определение последовательности промежуточных целей с учётом конечного результата; составление плана и последовательности действий;

- прогнозирование — предвосхищение результата и уровня усвоения знаний;

- контроль в форме сличения способа действия и его результата с заданным эталоном с целью обнаружения отклонений и отличий от эталона;

- коррекция — внесение необходимых дополнений и коррективов в план и способ действия в случае расхождения эталона, реального действия и его результата с учётом оценки этого результата самим обучающимся, учителем, товарищами;

- оценка — выделение и осознание обучающимися того, что уже усвоено и что ещё нужно усвоить, осознание качества и уровня усвоения; оценка результатов работы;

- саморегуляция как способность к мобилизации сил и энергии, к волевому усилию и преодолению препятствий.

Познавательные УУД включают: общеучебные, логические учебные действия, а также постановку и решение проблемы.

Общеучебные универсальные действия:

- самостоятельное выделение и формулирование познавательной цели;

- поиск и выделение необходимой информации;

- структурирование знаний;

- осознанное и произвольное построение речевого высказывания в устной и письменной форме;

- выбор наиболее эффективных способов решения задач в зависимости от конкретных условий;

- рефлексия способов и условий действия, контроль и оценка процесса и результатов деятельности;

- смысловое чтение как осмысление цели чтения и выбор вида чтения в зависимости от цели; извлечение необходимой информации; определение основной и второстепенной информации; свободная ориентация и восприятие текстов художественного, научного, публицистического и официально-делового стилей; понимание и адекватная оценка языка средств массовой информации;

- постановка и формулирование проблемы, самостоятельное создание алгоритмов деятельности при решении проблем творческого и поискового характера.

Особую группу УУД составляют знаково-символические действия:

- моделирование — преобразование объекта из чувственной формы в модель, где выделены существенные характеристики объекта (пространственно-графическая или знаково-символическая);

- преобразование модели с целью выявления общих законов, определяющих данную предметную область.

Логические универсальные действия:

- анализ объектов с целью выделения признаков (существенных, несущественных);

- синтез — составление целого из частей, в том числе самостоятельное достраивание с восполнением недостающих компонентов;

- выбор оснований и критериев для сравнения, сериации, классификации объектов;

- подведение под понятие, выведение следствий;

- установление причинно-следственных связей, представление цепочек объектов и явлений;

- построение логической цепочки рассуждений, анализ истинности утверждений;

- доказательство;

- выдвижение гипотез и их обоснование.

Постановка и решение проблемы:

- формулирование проблемы;

- самостоятельное создание способов решения проблем творческого и поискового характера.

Коммуникативные УУД обеспечивают социальную компетентность и учёт позиции других людей, партнёров по общению или деятельности; умение слушать и вступать в диалог; участвовать в коллективном обсуждении проблем; интегрироваться в группу сверстников и строить продуктивное взаимодействие и сотрудничество со сверстниками и взрослыми. К коммуникативным действиям относятся:

- планирование учебного сотрудничества с учителем и сверстниками — определение цели, функций участников, способов взаимодействия;

- постановка вопросов — инициативное сотрудничество в поиске и сборе информации;

- разрешение конфликтов — выявление, идентификация проблемы, поиск и оценка альтернативных способов разрешения конфликта, принятие решения и его реализация;

  - управление поведением партнёра;

  - умение с достаточной полнотой и точностью выражать свои мысли; владение монологической и диалогической формами речи в соответствии с грамматическими и синтаксическими нормами родного языка, современных средств коммуникации.

Современная школа вступила в долгий и непростой процесс изменения содержания, методов и организационных форм подготовки учащихся, которым предстоит жить в условиях общества с неограниченным доступом к информации. В процессе развития школьного образования очень большое значение приобретает формирование современных универсальных учебных действий.

Учитель должен готовить образованных людей, способных быстро ориентироваться в обстановке и самостоятельно мыслить, должен формировать новую систему знаний, умений и навыков, включающую опыт самостоятельной деятельности и личной ответственности обучающихся[14].

Выводы по Главе 1

Современное общество ставит перед педагогикой задачу поиска моделей обучения, направленных на всестороннее развитие личности ребенка с учетом его индивидуальных возможностей, как психофизиологических, так и интеллектуальных. При таких моделях обучения необходим учитель, деятельность которого направлена на создание максимально благоприятных условий обучения детей и призвана обеспечивать полноценную школьную успешность.

Преодоление традиционного стиля обучения и переход к новой развивающей, конструктивной модели образования возможен благодаря высокотехнологичной информационной образовательной среде, в которой применены новые педагогические подходы.

Новые педагогические технологии: обучение в сотрудничестве, метод проектов, индивидуальный и дифференцированный подходы к обучению направлены на формирование индивидуальности человека, его личности, четкой ориентации на сознательное развитие самостоятельного критического мышления.

Перед современной школой стоит задача формирования личности, готовой жить в стремительно меняющемся мире. Умение учиться, т.е., способность ученика к саморазвитию и самосовершенствованию путем сознательного и активного присвоения нового социального опыта определяется уровнем развития у ученика универсальных учебных действий.

Личностно-ориентированная педагогика ставит задачу выявления и всестороннего развития индивидуальных способностей учащихся.

Высокотехнологичная информационно образовательная среда, в которой применены новые педагогические поможет реализовать Федеральный государственный образовательный стандарт основного общего образования, будет способствовать формированию универсальных учебных действий.

Глава 2. Формирование универсальных учебных действий средствами Лего-конструирования на уроках информатики

Лего — это ресурс высокотехнологичной информационно-образовательной среды, который даёт возможность внести в школьный предмет элемент заинтересованности, это выход в предметные области, например в физику, информатику, технологию. Это первые шаги к написанию программ и изучению программирования.

Лего в переводе с датского языка означает «умная игра». Лего-конструирование один из наиболее любимых детьми вид деятельности [35].

Лего-конструирование заинтересовало молодое поколение, стало частью образовательных программ в школах. Лего увлекает ребят в мир науки и технического прогресса. Разнообразие конструкторов Лего позволяет заниматься с учащимися разного возраста конструированием, программированием, моделированием. Лего позволяет детям в увлекательной игре легче познать школьные дисциплины, развивать мышление, логику, а также работать в команде.

Изобретателем первого детского конструктора по праву считается англичанин Френк Хорнби. Деревянные конструкторы придумал австриец по имени Ехан Корбули. Первый магнитный конструктор появился относительно недавно. Идея принадлежала итальянскому изобретателю Клаудио Вичентелли. Родиной конструктора Лего является Дания. В 1932 году Оле Кирк Кристиансен открыл собственное производство разного рода изделий из дерева: от лестниц до игрушек. Первые знакомые всему миру пластмассовые детали конструктора появились лишь в 1949 году. Конструкторы Лего не просто самый популярный бренд в мире конструкторов, это еще и материал для безграничного детского творчества. К тому же безупречно качественная продукция ориентирована на самые разные возрастные группы детей. Конструкторы Лего развивают логику, воображение, усидчивость, самостоятельность, сенсорику и моторику [10].

Лего – одна из самых известных и распространённых ныне педагогических систем, широко использующая трёхмерные модели реального мира и предметно-игровую среду обучения и развития ребёнка.

Перспективность применения Лего-технологии обусловливается её высокими образовательными возможностями: многофункциональностью, техническими и эстетическими характеристиками, использованием в различных игровых и учебных зонах [3].

Человек, который способен конструктивно мыслить, быстро решать логические задачи, наиболее приспособлен к жизни, так как быстро находит выход из затруднительных ситуаций, принимает рациональное решение. Влияние конструктивной деятельности на умственное развитие детей изучал А.Р. Лурия. Им был сделан вывод о том, «что упражнения в конструировании оказывают существенное влияние на развитие ребёнка, радикально изменяя характер интеллектуальной деятельности».

Конструирование – «продуктивный вид деятельности школьника, предполагающий создание конструкций по образцу, по условиям и по собственному замыслу».

Данный курс вовлекает учащихся в мир конструирования, моделирования и программирования. Дети знакомятся с конструкторами Лего, учатся конструировать роботов. Обучение в сотрудничестве предполагает организацию групп учащихся, работающих совместно над решением какой-либо проблемы, темы, вопроса.

При обучении в сотрудничестве решаются следующие задачи:

• учащийся гораздо лучше учится, если он умеет устанавливать социальные контакты с другими членами коллектива;

• от умения общаться с другими членами коллектива зависит и умение учащихся грамотно и логически писать;

• в процессе социальных контактов между учащимися создается учебное сообщество людей, владеющих определенными знаниями и готовых получать новые знания в процессе общения друг с другом, совместной познавательной деятельности.

Изучая курс «Лего-конструирование» ученики не только получают знания, но и учатся взаимодействовать между собой.

Взаимодействие выступает как интерактивная сторона общения, обозначающая характеристику тех его компонентов, которые связаны с взаимовлиянием людей друг на друга, с непосредственной организацией их совместной деятельности. Участие одновременно многих людей в этой деятельности означает, что каждый должен внести в нее свой особый вклад. На ее основе рождается коммуникативный процесс или межличностное общение. Обмен знаниями и идеями по поводу совместной деятельности неизбежно предполагает также достижение взаимопонимания между участниками, которое реализуется в новых совместных попытках организовать и развить далее деятельность. При этом для участников важно не только обменяться информацией, но и организовать обмен действиями, спланировать их [5].

В образовательной деятельности учащихся поддержкой в развитии интеллектуальных способностей является использование именно Лего-технологий. Все школьные наборы Лего предназначены для групповой работы. Таким образом, учащиеся одновременно приобретают и навыки сотрудничества, и умение справляться с индивидуальными заданиями, составляющими часть общей задачи. Конструируя и добиваясь того, чтобы созданные модели роботов работали, испытывая полученные конструкции, учащиеся получают возможность учиться на собственном опыте.

Умение слушать и вступать в диалог, участвовать в коллективном обсуждении проблем, интегрироваться в группу сверстников, продуктивно взаимодействовать и сотрудничать со сверстниками и взрослыми – приводит к формированию коммуникативных действий, обеспечивая социальную компетентность учащегося.

Новые Федеральные государственные образовательные стандарты определяют ведущим направлением во внеурочной деятельности проектирование. Лего-конструирование – одно из ведущих направлений проектной деятельности. Посредством проектной деятельности формируются навыки технического моделирования, дети учатся преобразовывать модель для выбора наиболее эффективных способов решения задач в зависимости от конкретных условий, самостоятельно создают алгоритмы, ориентируются на разнообразие способов решения задачи, овладевают приёмами анализа и синтеза объекта. Формируется одно из важнейших познавательных универсальных действий – умение находить способы решения поставленной задачи.

Средствами Лего-конструирования организуется активная самостоятельная деятельность ребёнка, создание собственного, лично-значимого продукта. Организуя внеурочную деятельность, появляется возможность отдельной работы с каждым учащимся. Одним из важнейших элементов внеурочной деятельности является возможность овладевать знаниями с индивидуальной скоростью и в индивидуальном объёме.

С помощью Лего-конструирования формируются учебные задания разного уровня. Каждый ученик может и должен работать в собственном темпе, переходя от простых задач к более сложным. Для успешного продвижения ребёнка в его развитии важна как оценка качества его деятельности на занятии, так и оценка, отражающая его творческие поиски. Организационная структура занятий предоставляет детям возможность для самореализации. Последовательность занятий построена таким образом, что ребёнок оказывается постоянно перед выбором, поиском, самостоятельным принятием решения.

Лего-конструирование будет являться эффективным средством формирования универсальных учебных действий на уроках информатики и во внеурочной деятельности за счёт новых форм организации самостоятельной работы, работы в группах, коллективного обсуждения проблем и др. Современные образовательные среды представляют очень широкий спектр возможностей. Лего оживляет высокотехнологичную информационнообразовательную среду. Лего-роботы позволяют учащимся воплощать в жизнь свои задумки, конструировать и фантазировать, решать задачи, видя конечный результат. В результате у детей появляется стремление к самостоятельной деятельности, они начинают сознательно подходить к написанию программ на различных языках программирования, появляется стремление повысить свои знания и двигаться вперёд [8].

2.1. Формирование личностных УУД средствами Лего-конструирования

Возможность внедрения курса Лего-конструирования в общеобразовательный курс информатики и ИКТ представляет особый интерес как реализация деятельностного подхода и развития универсальных учебных действий. Это связано со следующими факторами:

• активно развивающийся учебный предмет;

• наличие специальных технических средств;

• интенсивно развивается идея «метапредметности»;

• общие характерные виды деятельности для информатики и системы универсальных учебных действий.

Информатика определена как школьный предмет, способный повысить эффективность учебной деятельности, поддержать процессы интеграции знаний ученика, выбрать индивидуальный путь саморазвития, самообразования, реализации знаний. В процессе изучения курса «Информатики и ИКТ» универсальные учебные действия эффективно развиваются через проектно-исследовательскую деятельность[14].

Проектно-исследовательская деятельность – это образовательная технология, предполагающая решение учащимися исследовательской, творческой задачи под руководством специалиста, в ходе которого реализуется научный метод познания.

Основные отличия этой образовательной технологии от других видов деятельности:

• направленность на достижение конкретных целей;

- координированное выполнение взаимосвязанных действий;

- ограниченная протяжённость во времени с определённым началом и концом;

- в определённой степени неповторимость и уникальность.

Такой вид деятельности позволяет включать в процесс работы навыки исследовательской деятельности, которые способствуют формированию универсальных учебных действий.

Лего-конструирование – одно из ведущих направлений проектной деятельности. Посредством проектной деятельности формируются навыки технического моделирования, дети учатся преобразовывать модель для выбора наиболее эффективных способов решения задач в зависимости от конкретных условий, самостоятельно создают алгоритмы, ориентируются на разнообразие способов решения задачи, овладевают приёмами анализа и синтеза объекта. Лего-конструирование вовлекает обучающихся в мир конструирования и программирования, дети видят, как работают программы на реальном исполнителе. У детей появляется интерес к самостоятельной деятельности, появляется стремление повысить свои знания и двигаться вперёд.

Наибольший активизирующий эффект на занятиях дают ситуации, в которых обучающиеся сами должны:

- самостоятельно выбирать уровень сложности заданий;

- находить несколько вариантов возможного решения познавательной задачи;

- создавать ситуации самопроверки, анализа личных познавательных и практических действий;

- решать познавательные задачи путём комплексного применения известных им способов решения.

В результате у обучающихся появляются три уровня активности:

Воспроизводящая активность – характеризуется стремлением обучающего понять, запомнить и воспроизвести знания, овладеть способом его применения по образцу;

Интерпретирующая активность – характеризуется стремлением обучающего к выявлению смысла изучаемого содержания, стремлением познать связи между явлениями и процессами, овладеть способами применения знаний в изменённых условиях;

Творческая активность – характеризуется интересом и стремлением не только проникнуть глубоко в сущность явлений и их взаимосвязей, но и найти для этой цели новый способ[21].

В настоящее время, в век компьютеров и новых технологий, для достижения результатов, важно в первую очередь, инициировать у детей собственные вопросы: « Чему мне нужно научиться?» и «Как мне этому научиться»[20].

Очень важно, чтобы каждый ученик был вовлечен в активный познавательный процесс, применяя на практике полученные знания и четко осознавая, где, каким образом и для каких целей эти знания могут быть им применены. Это способствует развитию личностных универсальных учебных действий у обучающихся, формирует и поддерживает интерес к учебному материалу, побуждает ребенка задавать вопросы, что и способствует в конечном итоге выработке устойчивого интереса к окружающему миру, формированию позитивного отношения к себе и окружающим. В конечном счете, все это формирует у обучающихся желание выполнять учебные действия [14].

2.2. Формирование регулятивных УУД средствами Лего-конструирования

Регулятивные УУД обеспечивают учащимся организацию их учебной деятельности. Умение ставить личные цели, понимать и осознавать смысл своей деятельности, при этом, соотнося его с заданностями внешнего мира, определять в значительной степени успех личности вообще и успех в образовательной сфере в частности. Итак, в деятельностной форме суть регулятивных действий можно представить так:

• умение формулировать собственные учебные цели - цели изучения данного предмета вообще, при изучении темы, при создании проекта и т.п.;

• умение принимать решение, брать ответственность на себя, например, быть лидером группового проекта; принимать решение в случае нестандартной ситуации допустим сбой в работе системы.

Осуществлять индивидуальную образовательную траекторию[14].

В курсе «Лего-конструирование» особое место занимают такие формы занятий как комбинированные уроки, практические уроки, уроки-соревнования. Они обеспечивают активное участие в уроке каждого учащегося, повышают авторитет знаний и индивидуальную ответственность учащихся за результаты учебного труда. Наибольший активизирующий эффект на занятиях дают ситуации, в которых обучающиеся сами должны:

• самостоятельно выбирать уровень сложности заданий;

• находить несколько вариантов решения задачи;

• создавать ситуации самопроверки, анализа личных познавательных и практических действий;

• решать познавательные задачи путём комплексного применения известных им способов решения.

В результате учащийся стремится понять, запомнить и воспроизвести знания, выявить смысл изучаемого содержания, познать связи между явлениями и процессами, овладеть способами применения знаний в изменённых условиях[35].

Таким образом средствами Лего-конструирования на уроках информатики, у обучающихся развиваются регулятивные универсальные учебные действия, предполагающие:

• целеполагание (учащиеся самостоятельно ставят перед собой конечную цель);

• проводят планирование и прогнозирование, предполагая конечный результат своей деятельности;

• контролируют в форме сличения свои способы действия и их результаты с заданным эталоном;

• при необходимости проводят коррекцию своей практической деятельности и проводят оценку конечного результата.

2.3. Формирование познавательных УУД средствами Лего-конструирования

В состав познавательных УУД можно включить:

• умение осуществлять планирование, анализ, рефлексию, самооценку своей деятельности, например планирование собственной деятельности по разработке приложения, владение технологией решения задач с помощью компьютера, компьютерным моделированием;

• умение выдвигать гипотезы, ставить вопросы к наблюдаемым фактам и явлениям, оценивать начальные данные и планируемый результат - моделирование и формализация, численные методы решения задач, компьютерный эксперимент[14].

Особую группу общеучебных универсальных действий составляют знаково – символические действия:

• моделирование – преобразование объекта из чувственной формы в модель, где выделены существенные характеристики объекта (пространственно – графические или знаково – символические);

• преобразование модели с целью выявления общих законов, определяющих данную предметную область.

В школьном курсе информатики для формирования общеучебных универсальных действий у обучающихся широкие возможности предоставляет тема «Моделирование и формализация», при изучении которой ребята учатся выделять у объектов наиболее существенные признаки, моделировать, выполнять преобразование моделей, осуществлять компьютерный эксперимент (формируется общепользовательская ИКТ-компетентность)[14].

Основным показателем развития знаково-символических универсальных учебных действий становится овладение моделированием. Обучение по действующим программам любых учебных предметов предполагает применение разных знаково-символических средств (цифры, буквы, схемы и др.), которые, как правило, не являются специальным объектом усвоения с точки зрения их характеристик как знаковых систем. Использование разных знаково-символических средств, для выражения одного и того же содержания выступает способом отделения содержания от формы, что всегда рассматривалось в педагогике и психологии в качестве существенного показателя понимания учащимися задачи. Из разных видов деятельности со знаково-символическими средствами наибольшее применение в обучении имеет моделирование. Более того, в концепции развивающего обучения Д.Б. Эльконина – В.В. Давыдова моделирование включено в учебную деятельность как одно из действий, которое должно быть сформировано уже к концу начальной школы. Анализ философской литературы показал, что в моделировании выделяется несколько этапов: выбор (построение) модели, работа с моделью и переход к реальности[20].

Каждый компонент деятельности моделирования имеет свое содержание со своим составом операций и своими средствами, которые согласно психологическим исследованиям должны стать самостоятельным предметом усвоения.

Построение модели. Работа с моделью. Вынесение во внешний план элементов задачи и их отношений настолько обнажает связи и зависимости между величинами, что иногда перевод сразу ведет к открытию решения. Именно здесь возникает необходимость формирования у учащихся умения работать с моделями, преобразовывать их. При этом необходимо иметь в виду, что уровень графической подготовки при построении модели и работе с ней (согласно психологическим исследованиям) определяется главным образом не степенью владения учеником техникой выполнения, а тем, насколько он готов к мысленным преобразованиям образно-знаковых моделей, насколько подвижно его образное мышление.

Работу с моделью можно вести в двух направлениях:

- достраивание схемы, исходя из логического выведения;
- видоизменение схемы, ее переконструирование.

Соотнесение результатов, полученных на модели, с реальностью. Моделирование осуществляется для того, чтобы получить новые данные о реальности или ее описании.

Средствами Лего-конструирования на уроках информатики организуется активная самостоятельная деятельность ребёнка, создание собственного, личностно-значимого продукта. Дети учатся моделировать, преобразовывать модель для выбора наиболее эффективных способов решения задач в зависимости от конкретных условий, самостоятельно создавать алгоритмы, ориентироваться на разнообразие способов решения задачи, овладение приёмами анализа и синтеза объекта и его свойств. Формируется одно из важнейших познавательных универсальных действий – умение находить способы решения поставленной задачи.

2.4. Формирование коммуникативных УУД средствами Лего-конструирования

Развитие коммуникативных УУД происходить в процессе выполнения практических заданий, предполагающих работу в паре, группе.

Изучая курс «Лего-конструирование» ученики не только получают знания, но и учатся взаимодействовать между собой. Происходит это часто на интуитивном уровне, что не у всех учеников приводит к положительному результату. Следует целенаправленно обучать школьников правильно отстаивать свое мнение, аргументировано убеждать другого человека, а также уметь соглашаться с оппонентом. Необходимо учить подрастающее поколение выстраивать доброжелательные отношения в коллективе, уметь разрешать конфликты, осуществлять взаимопомощь, а также эффективно добывать знания и приобретать соответствующие умения при взаимодействии со сверстниками.

Итогом совместной деятельности учащихся является формирование следующих умений (умения и навыки в сотрудничестве):

- умения коллективного планирования;
- умения взаимодействовать с любым партнером;
- умения взаимопомощи в группе в решении общих задач;
- навыки делового партнерского общения;
- умения находить и исправлять ошибки в работе других участников группы.

Овладение УУД ведет к формированию способности самостоятельно успешно усваивать новые знания, умения и компетентности, включая самостоятельную организацию процесса усвоения, т.е. умение учиться. Необходимо не стихийное, а целенаправленное планомерное формирование универсальных учебных действий с заранее заданными свойствами, такими как осознанность, разумность, высокий уровень обобщения и готовность применения в различных предметных областях, критичность, освоенность.

Формирование универсальных учебных действий обеспечивает переход от осуществляемой совместно и под руководством педагога учебной деятельности к деятельности самообразования и самовоспитания[14].

Таким образом, анализируя процесс обучения Лего-конструирования , с целью выделения оснований для разработки методики поэтапного обучения, делаем вывод:

- образовательная среда Лего помогает реализовать Федеральный государственный образовательный стандарт основного общего образования;

- использование конструкторов Лего в учебном процессе позволяет сделать современную школу конкурентоспособной, а урок – по-настоящему эффективным и продуктивным;

- использование Лего-конструкторов во внеурочной деятельности повышает мотивацию учащихся к обучению;

- Лего-конструирование будет являться эффективным средством формирования УУД на уроках информатики и во внеурочной деятельности если разработать методику поэтапного обучения Лего-конструированию.

2.5. Методика поэтапного обучения Лего-конструированию

Использование конструкторов Лего на уроках информатики

Наборы Лего ориентированы на регулярную, тематическую, проектную работу, позволяют изучать технологии автоматизированного управления в курсе информатики и являются самым простым способом введения учащихся в курс робототехники. Простой интерфейс позволяет объединить конструкцию из Лего и компьютеров в единую модель современного устройства с автоматизированным управлением.

Большие возможности дают конструкторы Лего для проведения уроков информатики по темам, связанным с программированием. Среда программирования Лего конструкторов «RoboLab» позволяет визуальными средствами конструировать программы для роботов, т.е. позволяют ребенку буквально «потрогать руками» абстрактные понятия информатики, воплощенные в поведении материального объекта (команда, система команд исполнителя, алгоритм и виды алгоритмов, программа для исполнителя).

Освоение учащимися Лего-технологии позволяет:

- дать основные знания в области механики, конструирования и основах автоматического управления;

- обучить их технологии работы в среде программирования;

- активно принимать участие в соревнованиях и творческих проектах;

- развивать логическое мышление, творческий и познавательный потенциал школьника, его коммуникативные способности с использованием компьютерного инструментария.

Реализация календарно-тематического плана обеспечивает освоение общеучебных умений и компетенций в рамках информационно-коммуникативной деятельности.

На основании вышеизложенного, считаю целесообразным, использование Лего-конструирования на уроках информатики начиная с 5 класса основной общеобразовательной школы. В таблице 1 представлено календарно-тематическое планирование с использованием Лего-конструирования по программе Л.Л.Босовой.

Таблица 1

Календарно-тематическое планирование по программе Л.Л.Босовой с использованием Лего-конструирования

№	Наименование раздела и тем	Ко л-во ча со в	Характеристик а деятельности учащихся	Виды контроля	Применение Лего на уроке
Компьютер для начинающих		9			
1	Техника безопасности и организация рабочего места. Информация - компьютер-информатика	1	Работа с учебником и с рабочими тетрадями	Беседа	
2	Как устроен компьютер.	1	Практическая работа. Работа с учебником и с рабочими тетрадями	практичес кая работа	Состав робота NXT
3	Ввод информации в память компьютера. Клавиатура. Группы клавиш. Клавиатурный тренажер в режиме ввода слов	1	Практическая работа. Работа с учебником и с рабочими тетрадями	Наблюдени е, практическ ая работа	Создание программы в NXT, использование встроенных

					команд блока
4	Основная позиция пальцев на клавиатуре. Клавиатурный тренажер (Упражнения 1-8)	1	Практическая работа. Работа с учебником и с рабочими тетрадями	практическая работа, фронтальный опрос	
5	Программы и файлы. Клавиатурный тренажер в режиме игры	1	Практическая работа. Работа с учебником	практическая работа, фронтальный опрос	Знакомство с программой Mindstorms –как прикладной
6	Рабочий стол. Управление мышью. ПР №2. «Освоение мыши»	1	Практическая работа. Работа с учебником	практическая работа, фронтальный опрос	Интерфейс программы Mindstorms
7	Главное меню. Запуск программ. ПР № 3. «Запуск программ. Основные элементы окна программы»	1	Практическая работа. Работа с учебником и с рабочими тетрадями	практическая работа, фронтальный опрос	ПО Mindstorms – интерфейс
8	Управление компьютером с помощью меню. ПР № 4. «Знакомимся с компьютерным меню»	1	Практическая работа. Работа с учебником	практическая работа, фронтальный опрос	Составление программ в Mindstorms
9	**Контрольная работа№1по теме «Компьютер для начинающих»**	1	Индивидуальная работа	контрольная работа тест	
Информация вокруг нас		14			
10	Действия с информацией. Хранение информации. Логическая игра (тренировка памяти)	1	Работа с учебником Логическая игра	Беседа	Сохранение программы в Mindstorms
11	Носители информации. Клавиатурный тренажер в режиме ввода слов	1	Работа с учебником Практическая работа.	фронтальный опрос практическая работа	
12	Передача информации. Клавиатурный тренажер в режиме ввода предложений	1	Работа с учебником	практическая работа, фронтальный опрос	Передача информации через датчики
13	Кодирование информации	1	Работа с учебником и с рабочими тетрадями	Индивидуальный опрос	Демонстрация собранной модели робота с датчиком освещённости
14	Формы представления информации. Метод координат	1	Работа с учебником и с рабочими тетрадями	Индивидуальный опрос	Составление программы для движения по чёрной линии
15	Текст как форма представления информации.	1	Практическая работа. Работа с учебником	Информационный диктант	

16	Табличная форма представления информации Игра «Морской бой»	1	Работа с учебником Игра	Беседа, практикум	
17	**Контрольная работа.№2 по теме «Информационные процессы»**	1	Индивидуальная работа	контрольная работа тест	
18	Наглядные формы представления информации. ПР №5. «Выполнение вычислений с помощью приложения Калькулятор»	1	Практическая работа. Работа с учебником	практическая работа, фронтальный опрос	Лего как наглядная форма представления информации
19	Обработка текстовой информации. ПР №6. Ввод текста	1	Практическая работа. Работа с учебником и с рабочими тетрадями	практическая работа, фронтальный опрос	
20	Редактирование текста. ПР №7. Редактирование текста	1	Практическая работа. Работа с учебником	практическая работа, фронтальный опрос	Работа с текстом: исправление ошибок в словах и фразах — основных компонентах конструктора NXT
21	Работа с фрагментами. Поиск информации. ПР №8. «Работа с фрагментами текста»	1	Практическая работа. Работа с учебником	практическая работа, фронтальный опрос	Текст «Конструктор NXT»
22	Изменение формы представления информации. Систематизация информации.	1	Работа с учебником	Информационный диктант	Шаблон со списком слов — деталей конструктора NXT
23	Форматирование - изменение формы представления информации. ПР №9. «Форматирование текста»	1	Практическая работа. Работа с учебником и с рабочими тетрадями	практическая работа, фронтальный опрос	
Информационные технологии		11			
24	Компьютерная графика. ПР №10. «Знакомство с инструментами рисования графического редактора(1-4)»	1	Практическая работа.	практическая работа, фронтальный опрос	Знакомство с интерфейсом программы по созданию 3D-модели робота NXT
25	Инструменты графического редактора. ПР.№10. «Знакомство с инструментами рисования графического редактора(5-7)»	1	Практическая работа	практическая работа, фронтальный опрос	Создание простейшей 3D-модели робота NXT

26	**Контрольная работа№3 по теме «Графический редактор»**	1	Индивидуальная работа	контрольная работа	
27	Обработка графической информации ПР №11. «Начинаем рисовать (задания 2, 3)»	1	Практическая работа	практическая работа, фронтальный опрос	
28	Обработка текстовой и графической иформации. ПР №12. «Создание комбинированных документов»	1	Практическая работа	практическая работа, фронтальный опрос	
29	Преобразование информации по заданным правилам. Выполнение вычислений с помощью приложения Калькулятор(2)	1	Практическая работа	практическая работа, фронтальный опрос	Составление программы для движения по лабиринту
30	Преобразование информации путем рассуждений. ПР №13 «Работаем с графическими фрагментами»	1	Практическая работа	практическая работа, фронтальный опрос	Анализ работы робота с датчиком звука – выполнение действия
31	Разработка плана действий и его запись. Логическая игра «Переливашки»	1	Работа с учебником	практическая работа, фронтальный опрос	Подключение датчика звука к базовой модели
32	**Контрольная работа№4 по теме «Информационные технологии»**	1	Индивидуальная работа	контрольная работа	
33	Создание движущихся изображений. ПР №14. «Создаем анимацию на заданную тему»	1	Практическая работа	практическая работа, фронтальный опрос	Подключение датчика касания к базовой модели
34	Создание движущихся изображений. ПР №15. Создаем анимацию на свободную тему (завершение)	1	Практическая работа	практическая работа, фронтальный опрос	

Применение Лего-конструкторов на уроках информатики будет способствовать развитию у обучающихся личностных универсальных учебных действий (сформируется интерес к учебному материалу, выработается устойчивый интерес к окружающему миру, сформируется позитивное отношения к себе и окружающим), регулятивных (учащиеся научатся самостоятельно ставить перед собой конечную цель, проводить планирование и прогнозирование, контролировать свои способы действия и их результаты), познавательных (умение находить способы решения поставленной задачи), коммуникативных (умения коллективного планирования, умения взаимодействовать с любым партнером, умения взаимопомощи в группе в решении общих задач, умения находить и исправлять ошибки в работе других участников группы, сформируются навыки делового партнерского общения).

Использование конструкторов Лего во внеурочной деятельности

Применение конструкторов Лего во внеурочной деятельности в школе, позволяет существенно повысить мотивацию учащихся, организовать их творческую и исследовательскую работу. А также позволяет школьникам в форме познавательной игры узнать многие важные идеи и развивать необходимые в дальнейшей жизни навыки.

Целью использования ЛЕГО-конструирования в системе дополнительного образования является овладение навыками начального технического конструирования, изучение понятий конструкций и ее основных свойствах (жесткости, прочности и устойчивости), овладение учащимися навыками простейшего программирования, овладение навыками взаимодействия в группе.

Образовательная система Лего предлагает такие методики и такие решения, которые помогают становиться творчески мыслящими, обучают работе в команде. Эта система предлагает детям проблемы, дает в руки инструменты, позволяющие им найти своё собственное решение. Благодаря этому учащиеся испытывают удовольствие подлинного достижения.

Использование конструкторов Лего во внеурочной деятельности будет способствовать развитию у обучающихся следующих УУД:

Личностными результатами изучения курса «Лего-конструирование» будет являться формирование следующих умений:

- оценивать жизненные ситуации (поступки, явления, события) с точки зрения собственных ощущений (явления, события), в предложенных ситуациях отмечать конкретные поступки, которые можно *оценить* как хорошие или плохие;

- называть и объяснять свои чувства и ощущения, объяснять своё отношение к поступкам с позиции общечеловеческих нравственных ценностей;

- самостоятельно и творчески реализовывать собственные замыслы.

Метапредметными результатами изучения курса «Легоконструирование» будет являться формирование следующих универсальных учебных действий :

Познавательные УУД:

- определять, различать и называть детали конструктора;

- конструировать по условиям, заданным взрослым, по образцу, по чертежу, по заданной схеме и самостоятельно строить схему;

- ориентироваться в своей системе знаний: отличать новое от уже известного;

- перерабатывать полученную информацию: делать выводы в результате совместной работы всего класса, сравнивать и группировать предметы и их образы.

Регулятивные УУД:

- уметь работать по предложенным инструкциям;

- умение излагать мысли в четкой логической последовательности, отстаивать свою точку зрения, анализировать ситуацию и самостоятельно находить ответы на вопросы путем логических рассуждений;

- определять и формулировать цель деятельности на занятии с помощью учителя.

Коммуникативные УУД:

- уметь работать в паре и в коллективе; уметь рассказывать о постройке;

- уметь работать над проектом в команде, эффективно распределять обязанности.

На основании вышеизложенного, считаю целесообразным, использование конструкторов Лего во внеурочной деятельности начиная с 5 класса с последующим продолжением обучения на следующих ступенях образования основной общеобразовательной школы для эффективного формирования УУД учащихся.

В Приложении 1 разработка факультативного курса по Лего-конструированию для 5 классов основной общеобразовательной школы.

Выводы по Главе 2

Методика поэтапного обучения Лего-конструированию будет способствовать эффективному формированию УУД учащихся.

Применение Лего-конструкторов на уроках информатики будет способствовать развитию у обучающихся личностных универсальных учебных действий (сформируется интерес к учебному материалу, выработается устойчивый интерес к окружающему миру, сформируется позитивное отношения к себе и окружающим), регулятивных (учащиеся научатся самостоятельно ставить перед собой конечную цель, проводить планирование и прогнозирование, контролировать свои способы действия и их результаты), познавательных (умение находить способы решения поставленной задачи), коммуникативных (умения коллективного планирования, умения взаимодействовать с любым партнером, умения взаимопомощи в группе в решении общих задач, умения находить и исправлять ошибки в работе других участников группы, сформируются навыки делового партнерского общения).

Применение Лего-конструкторов во внеурочной деятельности будет способствовать развитию у обучающихся личностных универсальных учебных действий (самостоятельная реализация собственных замыслов, оценивание жизненных ситуаций с точки зрения собственных ощущений), регулятивных (умение работать по предложенным инструкциям, умение излагать мысли в четкой логической последовательности, определение и формулирование цели деятельности на занятии с помощью учителя), познавательных (умение определять, различать и называть детали конструктора, умение конструировать по условиям, заданным взрослым, умение перерабатывать полученную информацию), коммуникативных (умение работать в паре и в коллективе, умение работать над проектом в команде).

Глава 3. Педагогическая эффективность реализации методики поэтапного обучения Лего-конструированию

3.1. Задачи и содержание педагогического эксперимента

Исследование проблемы поэтапного обучения Лего-конструированию проводилось мною в течение двух лет в разнообразных формах: разработка факультативного курса по Лего-конструированию, применение Лего-конструкторов на уроках информатики, экспериментальная работа с учащимися школы №1 г. Коркино. Всего в экспериментальной работе приняли участие более 60 человек. Педагогический эксперимент проходил с целью проверки эффективности формирования универсальных учебных действий средствами Лего-конструирования на уроках информатики.

Таким образом, целью эксперимента являлась проверка на практике выдвинутой гипотезы: целенаправленное формирование УУД средствами Лего-конструирования возможно, если:

• на основе системного и личностно-ориентированного подходов разработать и реализовать систему формирования УУД средствами Лего-конструирования;

• сочетание возможности федерального компонента и дополнительного образования;

• использование новых педагогических технологий: обучение в сотрудничестве, метод проектов, индивидуальный и дифференцированный подходы к обучению;

• осуществление изучения учебного материала по базовым и элективным курсам комплексно, на основе межпредметных связей;

• применение уровневого подхода в обучении.

3.2.   Содержание и результаты констатирующего и поискового этапов

педагогического эксперимента

На начальном этапе, на основе анализа психолого-педагогической и методической литературы мною было изучено состояние проблемы формирования УУД средствами Лего-конструирования. Проанализирован процесс обучения Лего-конструирования с целью выделения оснований для разработки методики формирования УУД. Для установления необходимости разработки методики поэтапного обучения Лего-конструированию был проведён констатирующий эксперимент (2011-2012 г.г), в котором приняло участие 18 учащихся МКОУ СОШ №1 г.Коркино (9 класса), 27 учащихся (5 класса) и 27 родителей учащихся 5 класса.

Анализ результатов проведённого исследования позволил сделать следующие выводы:

1.   Анализ результатов государственной итоговой аттестации 9 классов по информатике (2011-1012г.г) показал, что затруднения на экзамене вызвали задания по следующим темам: алгоритмизация(65%),задачи на логику(20%), файлы и каталоги (10%) и др.

2.   Анкетирование учащихся 5 классов показало, что 66% учащихся желают посещать факультатив по Лего-конструированию.

3.   Большинство родителей учащихся 5 классов (62%) заинтересованы в том, чтобы их ребёнок посещал факультативный курс по Лего-конструированию.

По полученным данным был сделан вывод о том, что учащиеся имеют низкий уровень сформированности знаний и умений по темам алгоритмика, логика, работа с файлами. Все эти темы изучаются в курсе Лего-конструирования. У учащихся есть желание заниматься Лего-конструированием.

Таким образом, результаты констатирующего этапа эксперимента указывают:

1) на актуальность проблемы разработки поэтапного обучения Лего-конструированию;

2) на низкий уровень сформированности знаний и умений по темам: алгоритмизация, решение логических задач, работа с файлами за курс основной общеобразовательной школы.

На поисковом этапе педагогического эксперимента (2011-2012 г.г) определены роль и место факультативного курса по Лего-конструированию, проанализировано внедрение курса Лего-конструирования в предмет «Информатика и ИКТ» (5 класс).

Формирующий этап педагогического эксперимента (2012-2013 г.г) был направлен на сопоставление прогнозируемых результатов с результатами практического внедрения курса Лего-конструирование на уроках информатики и во внеурочной деятельности, и на доказательство их влияния на уровень формирования УУД средствами Лего-конструирования. Предполагаем, что поэтапное внедрение курса Лего-конструирования в обучающий процесс повысит формирование УУД на уроках информатики.

В ходе обучающего эксперимента мы должны были проверить эффективность системы формирования УУД средствами Лего-конструирования.

3.3 Содержание и результаты обучающего эксперимента

Программа опытно-экспериментальной работы сводится к следующим моментам:

1. Использование Лего-технологий на уроках информатики в 5 классах.

2. Использование Лего-технологий во внеурочной деятельности.

В соответствии с первой задачей   эксперимента в 2012-2013 уч. г. были сформированы две группы обучающих: контрольная - 13 человек (5Б класс) и экспериментальная - 14 человек(5А класс). Всего в эксперименте на этом этапе приняло участие 27 человек.

По результатам контрольных работ имеем следующие показатели:

Таблица 2

Контрольная работа№1по теме «Компьютер для начинающих»

	«5»	«4»	«3»	«2»
Выборка контрольная группа	0	3	10	0
Выборка экспериментальная группа	1	7	5	1

Таблица 3

Контрольная работа№2 по теме «Информационные процессы»

	«5»	«4»	«3»	«2»
Выборка контрольная группа	1	1	10	-
Выборка экспериментальная группа	2	5	4	-

Таблица 4

Контрольная работа№4 по теме «Информационные технологии»

	«5»	«4»	«3»	«2»
Выборка контрольная группа	0	6	4	1
Выборка экспериментальная группа	0	6	5	1

Анализ контрольных работ показывает, что при изучении тем «Компьютер для начинающих», «Информационные процессы», «Информационные технологии» учащиеся экспериментальной группы допустили гораздо меньше типичных ошибок, чем учащиеся контрольной группы. При изучении тем «Компьютер для начинающих», «Информационные процессы» учащиеся экспериментальной группы показали более высокие уровни сформированности знаний.

Успеваемость по группам за 2012-2013 учебный год представлена на диаграмме рисунка 1.

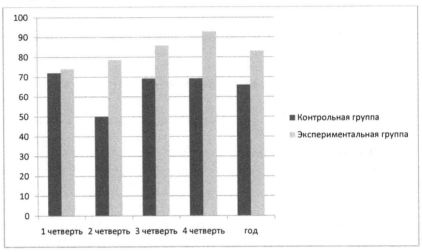

Рис.1 Успеваемость учащихся

По диаграмме рис.1 прослеживается стабильный рост успеваемости экспериментальной группы. Успеваемость экспериментальной группы за 2012-2013 г.г (83%) выше успеваемости контрольной группы (66%).

Рассмотрим проблему выбора измерительных критериев для получения объективной информации о ходе эксперимента.

Проверим на практике формирование следующих УУД:

1. Личностные УУД;
   a. осознанно и произвольно строить речевое высказывание в устной и письменной форме;
2. Регулятивные УУД;
   a. осуществлять подведение под понятие на основе распознавания объектов, выделение существенных признаков и их синтеза;

   b. устанавливать аналогии;

   c. устанавливать причинно-следственные связи;

  3. Познавательные УУД;

    a. проводить сравнения, сериации и классификации по заданным критериям.

Приведём параметры анализа хода и результаты эксперимента.

Для установления сформированности умений был разработан входной и итоговый контрольный тест (Приложение 4). Каждый вопрос итогового контрольного теста был направлен на проверку формирования тех или иных УУД.

Таблица 5

Распределение вопросов по формированию УУД

УУД	Цель УУД	№ вопроса
личностные	осознанно и произвольно строить речевое высказывание в устной и письменной форме	21,22
регулятивные	осуществлять подведение под понятие на основе распознавания объектов, выделение существенных признаков и их синтеза	8, 9,12,16, 17, 19
регулятивные	устанавливать аналогии	6,7
регулятивные	устанавливать причинно-следственные связи	1,2,3,4,5, 10,11,13,20
познавательные	проводить сравнения, сериации и	14,15,18

	I категория	II категория	III категория	
классификации по заданным критериям.				

Для установления значимости различий сформированности умений в экспериментальной и контрольной группах использовался критерий x^2 (хи - квадрат) для двух независимых выборок. При этом была введена шкала наименований, имеющая три категории: категория I - умения ярко выражены; категория II - умения имеют место; категория III - умения отсутствуют.

Входной тест был проведён на начало обучения в 5 классе. Данные представлены в таблице 6.

Таблица 6

	I категория	II категория	III категория	
Выборка контрольная группа	4	8	1	$n_1 = 13$
Выборка экспериментальная группа	3	10	1	$n_2 = 14$

Число степеней свободы $df = (R - 1) = 3-1 = 2$

Для вероятности ошибки p≤0,05 и $df = 2$ критическое значение хи-квадрат = 5,99. $T_{крит.} = 5,99$

$O_{11} = 4$; $O_{12} = 8$; $O_{13} = 1$

$O_{21} = 3$; $O_{22} = 10$; $O_{23} = 1$

$$T набл. = \frac{1}{n_1 * n_2} * \sum_{i=1}^{3}\left[\frac{(n_1 * O_{2i} - n_2 * O_{1i})^2}{O_{1i} + O_{2i}}\right] = 0,37$$

$T_{набл.} > T_{крит.}$ 0,37<5,99

Приведённые данные означают, что различие между экспериментальной и контрольной группами несущественны. Следовательно, на начало эксперимента уровень сформированности умений равновероятный.

В конце года был проведен контрольный срез. Данные среза представлены за 2012-2013 уч. год (см. таблицу 7).

Таблица 7

	I категория	II категория	III категория	
Выборка контрольная группа	3	9	1	$n_1=13$
Выборка экспериментальная группа	11	3	0	$n_2=14$

Число степеней свободы df = (R - 1) = 3-1 = 2

Для вероятности ошибки p≤0,05 и *df* = 2 критическое значение хи-квадрат = 5,99. $T_{крит.}=5,99$

$O_{11}=3$; $O_{12}=9$; $O_{13}=1$

$O_{21}=11$; $O_{22}=3$; $O_{23}=0$

$$T набл. = \frac{1}{n_1 * n_2} * \sum_{i=1}^{3}\left[\frac{(n_1 * O_{2i} - n_2 * O_{1i})^2}{O_{1i} + O_{2i}}\right] = 8,59$$

$T_{набл.} > T_{крит.}$ 8,59>5,99

Приведённые данные означают, что уровень сформированности умений в экспериментальной группе выше. Следовательно, можно сделать вывод о том, что внедрение курса Лего-конструирования на уроках информатики повышает эффективность формирования УУД, что подтверждает исходную гипотезу исследования.

На втором этапе обучающего эксперимента проверялась эффективность внедрения курса Лего-конструирования во внеурочную деятельность. С этой целью была разработана программа факультативного курса «Лего-конструирование» для учащихся 5 класса.

В соответствии со второй задачей эксперимента в 2012-2013 уч. г. была сформирована группа учащихся факультативного курса по Лего-конструированию 5 класса. Всего в эксперименте на этом этапе приняло участие 10 человек.

Для проверки эффективности формирования УУД средствами Лего-конструирования во внеурочной деятельности были проведены контрольные срезы в конце первого полугодия и в конце года.

Контрольные срезы в виде тестирования на проверку формирования следующих умений:

1. Познавательные УУД;

▪ определять, различать и называть детали конструктора;

▪ конструировать по условиям, заданным взрослым, по образцу, по чертежу, по заданной схеме и самостоятельно строить схему;

▪ перерабатывать полученную информацию: делать выводы в результате совместной работы всего класса, сравнивать и группировать предметы и их образы;

2. Личностные УУД;

▪ ориентироваться в своей системе знаний: отличать новое от уже известного;

3. Регулятивные УУД;

▪ уметь работать по предложенным инструкциям;

▪ умение излагать мысли в четкой логической последовательности, отстаивать свою точку зрения, анализировать ситуацию и самостоятельно находить ответы на вопросы путем логических рассуждений;

4. Коммуникативные УУД;

- уметь работать в паре и в коллективе, уметь рассказывать о постройке;

- уметь работать над проектом в команде, эффективно распределять обязанности.

Для оценки уровня сформированности умений были выбраны следующие показатели:

2 - умения ярко выражены;

1 - имеют место;

0 - отсутствуют.

Использовалась бальная оценка каждого вида задания. В итоге ребёнок получал суммарную оценку баллов за все виды заданий. Полученные оценки проверим на согласованность с использованием t – критерия Стьюдента для случая связанных выборок.

Результаты эксперимента представлены в Таблице 8. Для расчётов воспользуемся пакетом MS Excel.

Таблица 8

Ученики (n=10)	Баллы		Вспомогательные расчеты	
	Конец первого полугодия (X)	Конец года(У)	d	d^2
Капранов Иван	14	18	4	16
Кутепов Аркадий	20	19	-1	1
Макаров Влад	15	22	7	49
Мишуков Александр	11	17	6	36
Панов Алексей	16	24	8	64
Плотицын Дмитрий	13	21	8	64
Плотников Артур	16	25	9	81
Потапов Дмитрий	19	26	7	49
Ромих Александр	15	24	9	81
Сафронов Илья	9	15	6	36
Σ	148	211	63	477
Среднее	14,8	21,1		

Вначале произведем расчет по формуле:

$$\overline{d} = \frac{\sum_{i=1}^{n} d_i}{n} = \frac{63}{10} = 6,3$$

Затем применим формулу стандартного отклонения разностей, получим:

$$S_d = \sqrt{\frac{\sum d_i^2 - \frac{(\sum d_i)^2}{n}}{n*(n-1)}} = \sqrt{\frac{477-(63*63)/10}{10*(10-1)}} = \sqrt{\frac{477-396,9}{90}} = \sqrt{0,890} = 0,943$$

И, наконец, следует применить формулу для вычисления эмпирического значения t-критерия в ситуации проверки гипотезы о различиях между двумя зависимыми выборками. Получим:

$$t_{эмп} = \frac{\overline{d}}{S_d} = \frac{6,3}{0,943} = 6,678$$

Число степеней свободы: k=10-1=9 и по таблице критических значений t-критерия Стьюдента находим $t_{крит}$ =2.262, экспериментальное t=6,678, откуда следует возможность принятия альтернативной гипотезы (H_1) о достоверных различиях средних арифметических, т. е. делается вывод об эффективности экспериментального воздействия.

Выводы по Главе 3

Первый этап обучающего эксперимента статистически достоверно доказал что внедрение курса Лего-конструирования на уроках информатики повышает эффективность формирования следующих УУД:

1. Личностные УУД:

a. осознанно и произвольно строить речевое высказывание в устной и письменной форме;

2. Регулятивные УУД:

a. осуществлять подведение под понятие на основе распознавания объектов, выделение существенных признаков и их синтеза;

b. устанавливать аналогии;

c. устанавливать причинно-следственные связи;

3. Познавательные УУД

a. проводить сравнения, сериации и классификации по заданным критериям.

Второй этап обучающего эксперимента доказал эффективность внедрения курса Лего-конструирования во внеурочную деятельность, что способствует формированию следующих УУД:

1. Познавательные УУД:

▪ определять, различать и называть детали конструктора;

▪ конструировать по условиям, заданным взрослым, по образцу, по чертежу, по заданной схеме и самостоятельно строить схему;

▪ перерабатывать полученную информацию: делать выводы в результате совместной работы всего класса, сравнивать и группировать предметы и их образы;

2. Личностные УУД:

▪ ориентироваться в своей системе знаний: отличать новое от уже известного;

3. Регулятивные УУД:

- уметь работать по предложенным инструкциям;

- умение излагать мысли в четкой логической последовательности, отстаивать свою точку зрения, анализировать ситуацию и самостоятельно находить ответы на вопросы путем логических рассуждений;

4.   Коммуникативные УУД:

- уметь работать в паре и в коллективе, уметь рассказывать о постройке;

- уметь работать над проектом в команде, эффективно распределять обязанности.

Заключение

В результате проведённого исследования полностью подтвердилась исходная гипотеза, решены поставленные задачи и получены следующие результаты и выводы.

1. Целесообразность внедрения курса Лего-конструирования обусловлена необходимостью в условиях стандартизации основного общего образования оперативно, динамично и научно-обоснованно отражать в содержании образования изменения, происходящие в науке и обществе (особенно в направлении информатизации).

2. Разработанная методика поэтапного обучения Лего-конструированию позволяет сделать процесс формирования УУД более эффективным.

3. На основе методики поэтапного обучения Лего-конструированию разработаны следующие учебно-методические материалы:

- учебная программа факультативного курса;

- учебная программа внедрения курса Лего-конструирования на уроках информатики (5 класс).

4. Апробация результатов исследования в МКОУ СОШ №1 г.Коркино статистически достоверно показала, что разработанная методика поэтапного обучения Лего-конструированию позволяет эффективно формировать УУД.

Образовательная среда Лего поможет реализовать Федеральный государственный образовательный стандарт основного общего образования, повысит мотивацию учащихся к обучению.

Список использованной литературы

1.   Айвозян С.А. Теория вероятностей и прикладная статистика, том 1. [Текст]. М.: Юнити, 2001. – 656 с.

2.   Босова Л.Л., Босова А.Ю. Информатика и ИКТ. Учебная программа и поурочное планирование для 5-7 классов. [Текст]: учебно-методическое пособие/ - М. Бином. Лаборатория знаний, 2011. – 93 с: ил.

3.   Ветошкина Ю.А.. Лего развивающая и обучающая среда. [Электронный ресурс]. http://lego.ucoz.ru/publ/lego_konstruirovanie_chto_ehto_modnaja_igra_ili_serjoznoe _zanjatie/1-1-0-3], 2013.

4.   Гмурман В.Е. Теория вероятностей и прикладная статистика. [Текст]. М.: Высшая школа, 1999. – 479 с.

5.   Егорихина С.Ю. Педагогические стратегии организации межличностного взаимодействия. [Электронный ресурс]. http://journal.vscc.ac.ru/php/jou/40/art40_10.php, 2012.

6.   Ежова Л.Н. Эконометрика. [Текст]. Иркутск: БГУЭП, 2002. – 314 с.

7.   Информатизация образования. [Электронный ресурс]. http://www.ed.gov.ru/edusupp/informedu/, 2012.

8.   Колотова И.О. Инновационный педагогический проект «Использование Лего-технологий во внеурочной деятельности младших школьников в рамках внедрения ФГОС». [Электронный ресурс]. http://www.gimn10.ru/blog/innovacionnyj_pedagogicheskij_proekt_ispolzovanie_leg o_tekhnologij_vo_vneurochnoj_dejatelnosti_mladshikh_shkolnikov_v_ramkakh_vne drenija_fgos/2012-03-03-2, 2012.

9.   Кремер Н.Ш. Теория вероятностей и математическая статистика. [Текст]. М: ЮНИТИ, 2000. – 543 с.

10.   Кто придумал Лего. [Электронный ресурс]. http://www.rusarticles.com/deti-i-ix-roditeli-statya/kto-pridumal-lego-996923.html, 2013.

11.   Кузьмина Г.А.   Личностно-ориентированный подход в обучении школьников.   [Электронный   ресурс].   http://nsportal.ru/vuz/pedagogicheskie-nauki/library/lichnostno-orientirovanyi-podxod, 2013.

12.   Кульневич С.В.. Педагогика: личность в гуманистических теориях и системах   воспитания.   [Электронный   ресурс]. http://uchebauchenyh.narod.ru/books/uchebnik/2_8.htm, 2012.

13.   Логачёв А.В., Романова Т.В. Комплексные задания по информатике и ИКТ: оценка предметных и метапредметных результатов. Всероссийская научная конференция «Информатика и информационные технологии». Сборник научных статей – Челябинск: издательство ЗАО «Цицеро», 2013. – 206 с.

14.   Материалы всероссийской с международным участием научно-практической конференции «Интернет-технологии в образовании».   Часть 1 Чебоксары,   15   апреля-19   мая   2012   года.   [Электронный   ресурс] http://ito.infoznaika.ru/ , 2013.

15.   Мостеллер Ф. Вероятность. [Текст]. М.: Мир, 1969. – 428 с.

16.   Мостеллер Ф. Пятьдесят занимательных вероятностных задач с решениями. [Текст]. М.: Наука, 1975. – 111 с.

17.   Носкова Т.Н.   Психодидактика   информационно-образовательной среды. [Текст] : учеб. пособие для вузов по направлениям пед. образования / Т. Н. Носкова ; Рос. гос. пед. ун-т им. А. И. Герцена. - Санкт-Петербург: Изд-во РГПУ, 2007. - 171 с.

18.   Обучение в сотрудничестве. Что это такое? [Электронный ресурс]. http://www.gmcit.murmansk.ru/text/information_science/workshop/seminars/training_personality/training_cooperation.htm, 2013.

19.   Орлов А.И. Прикладная статистика. [Текст]. Учебник - М.: Экзамен, 2004. – 656 с.

20.   Петрова   Л.Ф..   Формирование   познавательных   универсальных учебных   действий   у   младших   школьников   на   уроках   математики. [Электронный ресурс]. http://festival.1september.ru/articles/592471/, 2011.

21. Плетнёва О.Н.. Активация познавательной деятельности обучающихся на уроках информатики при помощи Лего-конструирования. [Электронный ресурс]. http://www.centersot.org, 2011.

22. Поднебесова Г.Б. IT-технологии в профильном обучении. Профильная школа. № 5, 2012. – с. 11-14

23. Поднебесова Г.Б. Элективные курсы в школе. Информатика и образование. № 9, 2012. – с. 14-19

24. Полат Е.С. Метод проектов в интернет образовании. [Электронный ресурс]. http://www.gmcit.murmansk.ru/text/information_science/workshop/seminars/training_personality/method_project.htm, 2013.

25. Полат Е.С. Новые педагогические и информационные технологии в системе образования. Учебное пособие для студентов педагогических вузов и системы повышения квалификации педагогических кадров. [Текст]. - М.: Издательский центр «Академия», 2002. - 272 с.

26. Полат Е.С.. Новые педагогические технологии. Курс дистанционного обучения для учителей. [Электронный ресурс] http://scholar.urc.ac.ru/courses/Technology/intro.html, 2012.

27. Попов О.А. Статистика в психологии и педагогике. Статья Критерий Хи-квадрат. [Электронный ресурс]: http://psystat.at.ua/publ/1-1-0-29, 2013г

28. Программа формирования универсальных учебных действий у обучающихся на ступени начального общего образования. [Электронный ресурс]. http://sch8sov.ru/index/0-68, 2013.

29. Развивающие аспекты проектной деятельности в работе кружка ЛЕГО-конструирования. [Электронный ресурс]. http://nsportal.ru/nachalnaya-shkola/obshchepedagogicheskie-tekhnologii/razvivayushchie-aspekty-proektnoi-deyatelnosti-, 2013.

30. Технологии дистанционного обучения. [Электронный ресурс]. http://dl.nw.ru/theories/technologies/content.html, 2012.

31. Федеральный Государственный Образовательный Стандарт. [Электронный ресурс]. http://standart.edu.ru/catalog.aspx?CatalogId=2619, 2011.

32. Халамов В.Н. Образовательная робототехника на уроках информатики и физики в средней школе. [Текст] : учебно-методическое пособие/ [Владислав Николаевич Халамов (рук.) и др.]. – Челябинск: Взгляд, 2011. – 160.:ил.

33. Хамитов Г.П., Ведерникова Т.И. Вероятности и статистика. [Текст]. Иркутск: БГУЭП, 2006 – 272 с.

34. Чистяков В.П. Курс теории вероятностей. [Текст]. М.: Наука, 1982. – 256 с.

35. Чуркина Р.Х. Использование конструктора Лего в работе с дошкольниками. [Электронный ресурс]. http://nsportal.ru/detskii-sad/konstruirovanie-ruchnoi-trud/ispolzovanie-konstruktora-lego-v-rabote-s-doshkolnikami-1, 2013.

36. Яглом А.М. Вероятность и информация. [Текст]. М.: Наука, 1973. – 511 с.

Приложения

Разработка факультативного курса по Лего-конструрованию

Количество часов: 34

Образовательная область: информатика

Профиль: Информационно-технологический

Классы: 5

Цель: обеспечить овладение учащимися навыками начального технического конструирования на основе конструктора Лего, познакомить учащихся со средой визуального языка программирования Lab View.

Формируемая компетенция:

Создание моделей с помощью конструктора Лего и написание программ в среде визуального языка программирования Lab View.

Уровни компетенции:

Требования к уровню компетентности:

УУД	Уровень I *(Воспроизводящая активность)*	Уровень II *(Интерпретирующая активность)*	Уровень III *(Творческая активность)*
Познавательные УУД	Имеет представление о конструкторах Лего; демонстрирует понимание основ конструирования	Формулирует цель и задачи конструирования моделей; планирует реализацию модели по предложенной схеме; оценивает результаты	Ставит проблему, анализирует ее и предлагает способ решения; анализирует адекватность и точность результата по сравнению с поставленной целью; анализирует ход работы и корректирует выбранные методы построения

			конструкции модели ; адаптирует формализованную схему построения модели к ситуациям повседневной жизни
Регулятивные УУД	Демонстрирует понимание предложенного учителем способа деятельности; осознает необходимость сбора данных для построения модели	Аргументировано поясняет точку зрения по поводу интерпретации модели ; выделяет в процессе неоднозначные вопросы; выявляет пункты, которые могут быть реализованы различными методами	Проводит сравнительный анализ различных методов сбора информации по проблеме; планирует этапы по сбору информации о модели; делает выводы о степени целостности полученной информационной картины и устраняет при необходимости ее недостатки
Коммуникативные УУД	Соблюдает нормы речи при изложении мыслей; Придерживается предложенной схемы конструкции для формулирования собственных идей;	Соблюдает нормы общения в группе; взаимодействует при построении модели ; соблюдает нормы общения в аргументированной дискуссии	Организует работу команды по сбору, обработке и преобразованию информации; использует эффективные приемы общения для постановки цели и задач деятельности; логически выстраивает схему деятельности во внешнем и

			внутреннем плане.

Критерии оценки уровня сформированности ключевых компетенций

Решение проблем

	Уровень I		Уровень II		Уровень III	
	3	4	5	6	7	8
Постано вка проблем ы	Ученик согласен с наличием проблемы в ситуации, сформулирова нной учителем	Ученик объяснил цель построения модели	Ученик формулир ует цель построен ия модели корректир ует ее с помощью учителя	Ученик формулируе т цель построения модели и разбивает ее на задачи	Ученик выделяет из проблемной ситуации объект и определяет цель построения модели	Ученик определяет главную цель построения модели, формулиру ет данные для построения модели
Планир ование Процесс решени я	Ученик после конструирова ния описывает, что было сделано	Ученик описал модель, которую предполага ет получить	Ученик описал характери стики модели с учетом заранее заданных критериев его оценки	Ученик обосновано назвал потенциальн ых потребителе й и области использован ия модели	Ученик по готовой схеме доказывает верность модели	Ученик выдвигает конструкци ю и доказывает верность модели
Оценка результа та	Ученик высказал оценочное отношение к полученной модели	Ученик назвал трудности, с которыми он столкнулся при работе над конструиро ванием	Ученик описывае т слабые стороны работы над построен ием модели	Ученик оценивает вклад каждого участника в решение задачи моделирован ия конструкции	Ученик предложил способ(ы) преодоления трудностей, с которыми он столкнулся при построении модели	Ученик аргументир овал возможнос ть использова ть освоенные в ходе работы над моделью умения в других видах деятельнос ти

Обработка информации

	Уровень I		Уровень II		Уровень III	
	3	4	5	6	7	8
Поиск информации	Ученик указывает на необходимость дополнительной информации для построения конструкции	Ученик указывает конкретные цели поиска информации	Ученик выделяет вопросы, которые необходимо разрешить для построения модели	Ученик предлагает способы для подбора дополнительной информации для построения модели	Ученик определил круг вопросов по которым нужно пользоваться несколькими источниками	Ученик самостоятельно организует поиск дополнительного материала т.о., что получает описанный в цели результат
Обработка информации	Ученик изложил полученную информацию о моделях	Ученик предпринял действия по интерпретации модели, основываясь на полученной информации	Ученик сделал вывод на основе полученной информации и привел несколько аргументов или данных для его подтверждения	Ученик выстроил в собственной логике совокупность аргументов, подтверждающих вывод по конструкции модели	Ученик проанализировал несколько точек зрения по проблеме, лежащей в основе моделирования	Ученик самостоятельно переработал и реализовал схему построения конструкции модели

Задачи курса:

1. Дать учащимся представление о конструкторах Лего.

2. Продемонстрировать работу основных видов конструкций.

3. Развивать образное, техническое творчество.

4. Развивать мелкую моторику.

5. Развивать творческие способности и логическое мышление детей.

6. Развивать межпредметные связи:

-физика;

-информатика;

-технология.

7. Формировать умение работать с конструктором Лего.

8. Способствовать формированию умения достаточно самостоятельно решать технические задачи в процессе конструирования моделей (планирование предстоящих действий, самоконтроль, умение применять полученные знания, приемы и опыт в конструировании и т.д.).

9. Стимулировать смекалку детей, находчивость, изобретательность и устойчивый интерес к поисковой творческой деятельности.

10. Углубить умения и навыки учащихся по темам, входящим в содержательную линию «Алгоритмизация и программирование».

Пояснительная записка

Данный курс «Лего-конструирование» является факультативным курсом. Весь курс состоит из 34 часов, включая лекции и практические занятия.

Темы, изучаемые в данном курсе, отдельно не изучаются в школе, не рассматриваются в государственном стандарте. Анализ государственного стандарта среднего (полного) общего образования по информатике и ИКТ (профильный уровень) показал, что элективный курс «Лего-конструирование» позволит расширить и углубить содержание темы «Элементы теории алгоритмов» из раздела «Информация и информационные процессы».

Содержание данной темы не включено в требования государственного стандарта к уровню подготовки учеников. По этой теме не проводится контроля.

Данный курс призван решить следующие образовательные и развивающие задачи:

- учащиеся должны овладеть навыками создания реально действующих моделей роботов;

- учащиеся должны овладеть навыками простейшего программирования;

- учащиеся должны развить конструкторские, инженерные и вычислительные навыки.

Элективный курс отвечает принципу научности, так как он предполагает применение математических знаний и базируется на фундаментальных источниках литературы. При отборе и систематизации теоретического содержания использовались соображения доступности и понятности материала, его связь с практикой.

Основное содержание

(34 часа)

Теоретический материал	17 часов
Практическая работа	17 часов

Тематическое планирование (34ч)

№	Тема	Требования к подготовке	Всего часов	Теория	Практика
	Введение. Знакомство с конструкцией		**4**		
1	Техника безопасности. Мир роботов.	Основные требования по технике безопасности. Разнообразие роботов.	1	1	-
2	Знакомство с конструкторами Lego.	Состав конструктора Lego. Особенности конструкции.	1	0,5	0,5
3	Знакомство с	Устройство,	1	0,5	0,5

	микропроцессоро м RCX.	принцип работы микропроцессора RCX.			
4	Построение творческой модели.	Способы сбора конструкции.	1	0,5	0,5
	Конструирование		9		
5	Конструирование первого робота.	Способы сбора конструкции.	1	0,5	0,5
6	Конструирован ие. Модель «Автомобиль».	Создание конструкции робота по схеме	1	0,5	0,5
7	Конструирован ие более сложной модели «Автомобиль»	Создание конструкции по схеме	1	0,5	0,5
8	Знакомство с датчиком касания.	Особенности конструкции. Принцип действия	1	0,5	0,5
9	Знакомство с датчиком освещенности.	Особенности конструкции. Принцип действия	1	0,5	0,5
10	Датчик освещенности.	Особенности конструкции. Принцип действия	1	0,5	0,5
11	Творческий проект.		3	1,5	1,5
	Управление		21		
12	Изучение среды управления и программирова ния	Визуальный язык программировани я Lab View. Программная среда	1	1	
13	Команды визуального языка программирова ния Lab View.	Основные команды языка. Управление моторами.	1	1	
14	Программирова ние робота.	Основы создания программ. Загрузка программ	1	0,5	0,5

15	Команды визуального языка программирования Lab View	Основные команды языка. Управление моторами. Повороты.	1	0,5	0,5
16	Программирование более сложного робота.	Основные команды языка. Движение по времени	1	0,5	0,5
17	Проект "Конструирование танка Т-34"	Создание конструкции по схеме. Программирование робота	1	0,5	0,5
18	Организация бесконечного цикла.	Основные команды языка. Правила организации цикла.	1	0,5	0,5
19	Конечный цикл.	Основные команды языка. Правила организации конечного цикла.	1	0,5	0,5
20	Программы с циклами и датчиками.	Использование датчиков. Написание программ	3	1	2
21	Программирование робота гоночной трассы.	Написание программ. Изменение мощности мотора	3	1	2
22	Тестирование.	Управление роботом на трассе	1	0,5	0,5
23	Ветвление по датчику.	Правила организации ветвления в программе	1	0,5	0,5
24	Использование цикла и ветвления по датчикам.	Правила организации цикла и ветвления в программе	1	0,5	0,5
25	Творческий	Создание	3	1	2

	проект	конструкции робота. Программировани е робота			
26	Тестирование.	Управление роботом на трассе	1	0,5	0,5

Поурочное планирование

Теория (17 ч)

1. Техника безопасности. Мир роботов. (1ч)

Основные требования по технике безопасности. Презентация «Разнообразие роботов».

2. Знакомство с конструкторами Lego . (0,5ч)

Состав конструктора Lego. Особенности конструкции. Типы соединения элементов конструкции.

3. Знакомство с микропроцессором RCX. (0,5ч)

Устройство, принцип работы микропроцессора RCX.

4. Построение творческой модели. (0,5ч)

Способы сбора конструкции.

5. Конструирование первого робота. (0,5ч)

Способы сбора конструкции. Моделирование и конструирование робота.

6. Конструирование. Модель «Автомобиль».(0,5ч)

Создание конструкции робота по схеме. Моделирование и конструирование робота.

7. Конструирование более сложной модели «Автомобиль». (0,5ч)

Создание конструкции по схеме.

8. Знакомство с датчиком касания. (0,5 ч)

Особенности конструкции. Принцип действия

9. Знакомство с датчиком освещенности. (0,5ч)

Особенности конструкции. Принцип действия.

10. Датчик освещенности. (0,5ч)

Особенности конструкции. Принцип действия

11. Творческий проект. (1,5ч)

Особенности конструкции. Принцип действия

12. Изучение среды управления и программирования. (1 ч)

Визуальный язык программирования Lab View. Знакомство с программной средой.

13. Команды визуального языка программирования Lab View. (1 ч)

Основные команды языка. Управление моторами.

14. Программирование робота. (0,5 ч)

Интерфейс программы. Основы создания программ. Загрузка программ.

15. Команды визуального языка программирования Lab View. (0,5 ч)

Основные команды языка. Управление моторами. Повороты.

16. Программирование более сложного робота. (0,5 ч)

Основные команды языка. Движение по времени.

17. Проект "Конструирование танка Т-34". (0,5 ч)

Создание конструкции по схеме. Программирование робота.

18. Организация бесконечного цикла. (0,5 ч)

Основные команды языка. Правила организации цикла.

19. Конечный цикл. (0,5 ч)

Основные команды языка. Правила организации конечного цикла.

20. Программы с циклами и датчиками. (1 ч)

Использование датчиков. Написание программ

21. Программирование робота гоночной трассы. (1 ч)

Написание программ. Изменение мощности мотора

22. Тестирование (0,5 ч)

Управление роботом на трассе.

23. Ветвление по датчику. (0,5 ч)

Правила организации ветвления в программе

24. Использование цикла и ветвления по датчикам. (0,5 ч)

Правила организации цикла и ветвления в программе

25. Творческий проект. (1 ч)

Создание конструкции робота. Программирование робота

26. Тестирование. (0,5 ч)

Управление роботом на трассе

Практика (17ч)

1) Знакомство с конструкторами Lego.(0,5ч)

2) Знакомство с микропроцессором RCX.(0,5ч)

3) Построение творческой модели.(0,5ч)

4) Конструирование первого робота.(0,5ч)

5) Конструирование. Модель «Автомобиль»(0,5ч)

6) Конструирование более сложной модели «Автомобиль». (0,5ч)

7) Знакомство с датчиком касания. (0,5 ч)

8) Знакомство с датчиком освещенности. (0,5 ч)

9) Датчик освещенности.   (0,5ч)

10)Творческий проект. (1,5 ч)

11) Программирование робота.(0,5 ч)

12) Команды визуального языка программирования Lab View (0,5 ч)

13) Программирование более сложного робота. (0,5 ч)

14) Проект "Конструирование танка Т-34" (0,5 ч)

15) Организация бесконечного цикла. (0,5 ч)

16) Конечный цикл. (0,5 ч)

17) Программы с циклами и датчиками . (2 ч)

18) Программирование робота гоночной трассы. (2 ч)

19) Тестирование. (0,5 ч)

20) Ветвление по датчику. (0,5 ч)

21) Использование цикла и ветвления по датчикам. (0,5 ч)

22) Творческий проект. (2 ч)

23) Тестирование. (0,5 ч)

Требования к знаниям, умениям и навыкам учащихся:

1. Знать/понимать правила безопасной работы.

2. Знать/понимать основные компоненты конструкторов ЛЕГО.

3. Знать/понимать конструктивные особенности различных моделей, сооружений и механизмов.

4. Знать/понимать компьютерную среду, включающую в себя графический язык программирования.

5. Знать/понимать виды подвижных и неподвижных соединений в конструкторе.

6. Знать/понимать основные приемы конструирования роботов.

7. Знать/понимать конструктивные особенности различных роботов.

8. Знать/понимать приемы и опыт конструирования с использованием специальных элементов.

9. Иметь представление о передаче программы в RCX; об использовании созданных программ.

10. Уметь самостоятельно решать технические задачи в процессе конструирования роботов.

11. Уметь создавать реально действующие модели роботов при помощи специальных элементов по разработанной схеме и по собственному замыслу.

12. Уметь создавать программы на компьютере для различных роботов; корректировать программы при необходимости; демонстрировать технические возможности роботов.

Анкета для родителей по выявлению предпочтений в организации внеурочной занятости пятиклассников.

1. С каким настроением ваш ребёнок ходит в школу?

2. Посещает ли ваш ребенок учреждения дополнительного образования? Укажите какие?

3. В каком из видов деятельности ребёнок (на ваш взгляд) имеет способности и намерены ли вы их как-то развивать?

4. Что необходимо для того, чтобы ваш ребёнок реализовал свои способности в полной мере?

5. Что для вас предпочтительнее: дополнительные внеурочные занятия в школе либо занятия в другом учреждении?

6. Если бы была возможность выбирать, в какой кружок, секцию вы бы отдали своего ребёнка?

- Спортивная секция
- Кружок «Умелые ручки»
- Кружок «Юный дизайнер»
- Кружок «Лего-контруирование»
- Кружок «Юный натуралист»

7. Ваши пожелания по организации внеурочной воспитательной деятельности школы и класса.

Анкета для пятиклассников по выявлению предпочтений в организации

внеурочной занятости.

1. С каким настроением ты идёшь в школу?

2. На какие уроки ты идешь с удовольствием? Почему?

3. Посещаешь ли ты учреждения дополнительного образования? Укажи какие?

4. Что тебе больше нравится:

   - Заниматься спортом;

   - Заниматься шахматами;

   - Заниматься конструированием;

   - Заниматься музыкой;

   - Заниматься рисованием;

   - Другие предпочтения.

5. Если бы была возможность выбирать, в какой кружок ты бы записался?

   - Кружок «Умелые ручки»

   - Кружок «Юный дизайнер»

   - Кружок «Лего-контруирование»

   - Кружок «Юный натуралист»

   - Кружок «Юный шахматист»

   - Кружок «Юный математик»

Итоговый тест

Задание 1

Вопрос:

Для ввода текстовой информации в компьютер служит ...

Выберит е один из 4 вариант ов от вет а:

1) Сканер

2) Принтер

3) Клавиатура

4) Монитор

Формирование регулят ивных УУД

Цель УУД: устанавливать причинно-следственные связи

Задание 2

Вопрос:

Для ввода звуковой информации в компьютер служит ...

Выберит е один из 4 вариант ов от вет а:

1) Мышь

2) Акустические колонки

3) Микрофон

4) Принтер

Формирование регулят ивных УУД

Цель УУД: устанавливать причинно-следственные связи

Задание 3

Вопрос:

Для вывода информации на бумагу служит ...

Выберит е один из 4 вариант ов от вет а:

1) Сканер

2) Принтер

3) Цифровая фотокамера

4) Монитор

Формирование регулят ивных УУД

Цель УУД: устанавливать причинно-следственные связи

Задание 4

Вопрос:

Для вывода звуковой информации используют ...

Выберит е один из 4 вариант ов от вет а:

1) Монитор

2) Акустические колонки

3) Микрофон

4) Принтер

Формирование регулят ивных УУД

Цель УУД: устанавливать причинно-следственные связи

Задание 5

Вопрос:

 Для хранения информации используют ...

Выберит е один из 4 вариант ов от вет а:

1) Монитор

2) Процессор

3) Дисковод гибких дисков

4) Жёсткий диск

Формирование регулят ивных УУД

Цель УУД: устанавливать причинно-следственные связи

Задание 6

Вопрос:

Отметьте «лишнее»:

Выберит е один из 5 вариант ов от вет а:

1) Жесткий диск

2) Монитор

3) Дискета

4) Лазерный диск

5) Магнитная лента

Формирование регулят ивных УУД

Цель УУД: устанавливать аналогии

Задание 7

Вопрос:

 Продолжите ряд: монитор, принтер, ...

Выберит е один из 5 вариант ов от вет а:

1) Системный блок

2) Клавиатура

3) Сканер

4) Акустические колонки

5) Мышь

Формирование регулят ивных УУД

Цель УУД: устанавливать аналогии

Задание 8

Вопрос:

Клавиши {Home}, {PageUp}, {^}, {End}, {>} относятся к группе ...

Выберит е один из 4 вариант ов от вет а:

1) Функциональных клавиш

2) Клавиш управления курсором

3) Специальных клавиш

4) Символьных клавиш

Формирование регулят ивных УУД

Цель УУД: осуществлять подведение под понятие на основе распознавания объектов, выделение существенных признаков и их синтеза

Задание 9

Вопрос:

Для ввода прописной буквы одновременно нажимают клавишу с её изображением и клавишу:

Выберит е один из 3 вариант ов от вет а:

1) <Caps Lock>

2) <Page Up>

3) <Shift>

Формирование регулят ивных УУД

Цель УУД: осуществлять подведение под понятие на основе распознавания объектов, выделение существенных признаков и их синтеза

Задание 10

Вопрос:

Положение курсора в слове с ошибкой отмечено чертой: ИНФОРМАТИКК|А

Чтобы исправить ошибку следует нажать клавишу:

Выберит е один из 3 вариант ов от вет а:

1) <Delete>

2) <Backspace>

3) <Delete> или <Backspace>

Формирование регулят ивных УУД

Цель УУД: устанавливать причинно-следственные связи

Задание 11

Вопрос:

Положение курсора в слове с ошибкой отмечено чертой: ПРОЦЕС|ССОР

Чтобы исправить ошибку следует нажать клавишу:

Выберит е один из 3 вариант ов от вет а:

1) <Delete>

2) <Backspace>

3) <Delete> или <Backspace>

Формирование регулят ивных УУД

Цель УУД: устанавливать причинно-следственные связи

Задание 12

Вопрос:

Укажите основную позицию пальцев на клавиатуре.

Выберит е один из 3 вариант ов от вет а:

1) ФЫВА - ОЛДЖ

2) АБВГ - ДЕЁЖ

3) ОЛДЖ – ФЫВА

Формирование регулят ивных УУД

Цель УУД: осуществлять подведение под понятие на основе распознавания объектов, выделение существенных признаков и их синтеза

Задание 13

Вопрос:

Иван набирал текст на компьютере. Вдруг все буквы у него стали вводиться прописными. Что произошло?

Выберите один из 4 вариантов ответа:

1) Сломался компьютер

2) Сбой в текстовом редакторе

3) Случайно была нажата клавиша CapsLock

4) Случайно был зафиксирован режим ввода заглавных букв

Формирование регулятивных УУД

Цель УУД: устанавливать причинно-следственные связи

Задание 14

Вопрос:

Выберите из списка минимальный основной комплект устройств для работы компьютера:

Выберите несколько из 8 вариантов ответа:

1) принтер

2) монитор

3) мышь

4) клавиатура

5) сканер

6) колонки

7) микрофон

8) системный блок

Формирование познавательных УУД

Цель УУД: проводить сравнения, сериации и классификации по заданным критериям

Задание 15

Вопрос:

Клавиатура. Клавиши F1 - F 12 относятся к…

Выберит е один из 4 вариант ов от вет а:

1) функциональным

2) символьным

3) специальным

4) дополнительным клавишам

Формирование познават ельных УУД

Цель УУД: проводить сравнения, сериации и классификации по заданным критериям

Задание 16

Вопрос:

Для вычислений, обработки информации и управления работой компьютера предназначен…
Выберит е один из 4 вариант ов от вет а:

1) жесткий диск

2) процессор

3) ПЗУ

4) сканер

Формирование регулят ивных УУД

Цель УУД: осуществлять подведение под понятие на основе распознавания объектов, выделение существенных признаков и их синтеза

Задание 17

Вопрос:

Какой значок обеспечивает доступ к различным устройствам компьютера и ко всей информации, хранящейся в компьютере?

Выберит е один из 4 вариант ов от вет а:

1) Корзина

2) Мои документы

3) Мой компьютер

4) Сетевое окружение

Формирование регулят ивных УУД

Цель УУД: осуществлять подведение под понятие на основе распознавания объектов, выделение существенных признаков и их синтеза

Задание 18

Вопрос:

Отметьте элементы окна приложения WordPad

Выберит е несколько из 9 вариант ов от вет а:

1) Полосы прокрутки

2) Строка меню

3) Кнопка закрыть

4) Кнопка свернуть

5) Панель инструментов

6) Палитра

7) Панель Стандартная

8) Панель Форматирование

9) Рабочая область

Формирование познават ельных УУД

Цель УУД: проводить сравнения, сериации и классификации по заданным критериям

Задание 19

Вопрос:

Стереть символ справа от курсора можно клавишей…
Выберит е один из 4 вариант ов от вет а:

1) Shift

2) Delete

3) Back space

4) Enter

Формирование регулят ивных УУД

Цель УУД: осуществлять подведение под понятие на основе распознавания объектов, выделение существенных признаков и их синтеза

Задание 20

Вопрос:

Как открыть (запустить на выполнение) объект, находящийся на Рабочем столе компьютера

Выберит е один из 4 вариант ов от вет а:

1) щелчком левой кнопки мыши

2) щелчком правой кнопки мыши

3) двойным щелчком левой кнопки мыши

4) двойным щелчком правой кнопки мыши

Формирование регулят ивных УУД

Цель УУД: устанавливать причинно-следственные связи

Задание 21

Вопрос:

Закончите предложение: «Информация – это …»

Дайт е наиболее полный от вет .

Формирование личност ных УУД

Цель УУД: осознанно и произвольно строить речевое высказывание в устной и письменной форме

Задание 22

Вопрос:

Закончите предложение: «Компьютер – это …»

Дайт е наиболее полный от вет .

Формирование личност ных УУД

Цель УУД: осознанно и произвольно строить речевое высказывание в устной и письменной форме.

Каждое правильно выполненное задание оценивается в 1 балл.

Критерии оценки:
(20-22) балла – «отлично»,
(16-19) баллов – «хорошо»,
(10-15) баллов – «удовлетворительно»,
менее 10 баллов – «неудовлетворительно»

Компетентностно-ориентированное задание по теме «Наглядные формы представления информации»

Характеристика задания (информация для учителя)	1. Предмет Информатика и ИКТ Класс 5 2. Тема: Наглядные формы представления информации
Ключевая компетентность и аспект	Компетентность: Информационная Аспект: Первичная обработка информации (1 уровень)
Планируемый результат	Ученик научится строить столбчатые диаграммы и обрабатывать информацию.
Стимул (погружает в контекст задания, мотивирует на выполнение)	Определить самую длинную реку России.
Задачная формулировка	Вам необходимо по следующим данным построить столбчатую диаграмму: длина реки Лена – 4400 км., длина реки Амур – 4444 км., длина реки Волга – 3531 км., длина реки Кама – 1805 км., длина реки Днепр – 2201 км., длина реки Обь – 5410 км. Определите самую длинную реку России.
Источник (содержит информацию, необходимую для успешной деятельности учащегося по	Столбчатая диаграмма должна соответствовать следующему рисунку

выполнению задания)	
Инструмент проверки (информация для учителя)	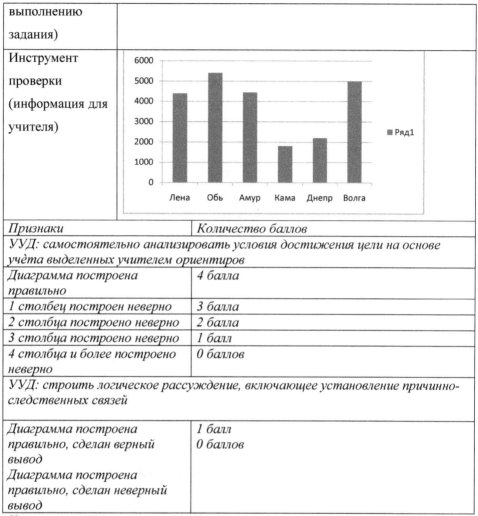

Признаки	Количество баллов
УУД: самостоятельно анализировать условия достижения цели на основе учёта выделенных учителем ориентиров	
Диаграмма построена правильно	4 балла
1 столбец построен неверно	3 балла
2 столбца построено неверно	2 балла
3 столбца построено неверно	1 балл
4 столбца и более построено неверно	0 баллов
УУД: строить логическое рассуждение, включающее установление причинно-следственных связей	
Диаграмма построена правильно, сделан верный вывод
Диаграмма построена правильно, сделан неверный вывод	1 балл
0 баллов

Критерии оценки:

5 баллов – «отлично»,

4 балла – «хорошо»,

3 балла – «удовлетворительно»,

2 балла – «неудовлетворительно»

Компетентностно-ориентированное задание по теме «Наглядные формы представления информации»

Характеристика задания (информация для учителя)	1. Предмет Информатика и ИКТ Класс 5 2. Тема: Наглядные формы представления информации
Ключевая компетентность и аспект	Компетентность: Информационная Аспект: Первичная обработка информации (1 уровень)
Планируемый результат	Ученик научится строить столбчатые диаграммы и обрабатывать информацию.
Стимул (погружает в контекст задания, мотивирует на выполнение)	Определить наименьшую стоимость конструктора Лего.
Задачная формулировка	Вам необходимо по следующим данным построить столбчатую диаграмму: конструктор Лего Duplo – 1200 руб., конструктор Лего City – 3179, конструктор Лего Home – 2967 руб., конструктор Лего Ninjago – 4320 руб, конструктор Лего Toy Story – 3267 руб. Определить наименьшую стоимость конструктора Лего.
Источник (содержит информацию, необходимую для успешной деятельности учащегося по выполнению задания)	Столбчатая диаграмма должна соответствовать следующему рисунку

Инструмент проверки (информация для учителя)	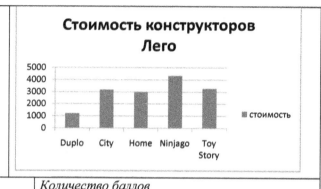

Признаки	Количество баллов
УУД: самостоятельно анализировать условия достижения цели на основе учёта выделенных учителем ориентиров	
Диаграмма построена правильно	4 балла
1 столбец построен неверно	3 балла
2 столбца построено неверно	2 балла
3 столбца построено неверно	1 балл
4 столбца и более построено неверно	0 баллов
УУД: строить логическое рассуждение, включающее установление причинно-следственных связей	
Диаграмма построена правильно, сделан верный вывод Диаграмма построена правильно, сделан неверный вывод	1 балл 0 баллов

Критерии оценки: 5 баллов – «отлично»,

4 балла – «хорошо»,

3 балла – «удовлетворительно»,

2 балла – «неудовлетворительно»

www.ingramcontent.com/pod-product-compliance
Lightning Source LLC
LaVergne TN
LVHW042342060326
832902LV00006B/331